W0095049

Gerard van Gemert

Kicken wie die Weltmeister

Mit Illustrationen von Mark Janssen
Aus dem Niederländischen von Birgit Erdmann

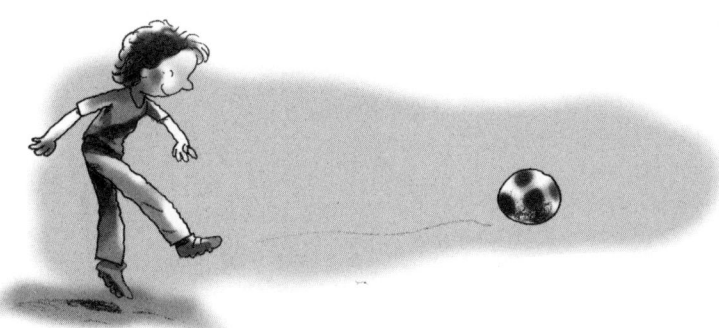

arsEdition

Bibliografische Information der Deutschen Nationalbibliothek
Die Deutsche Nationalbibliothek verzeichnet diese Publikation
in der Deutschen Nationalbibliografie;
detaillierte bibliografische Daten sind im Internet
über http://dnb.d-nb.de abrufbar.

Text copyright © Gerard van Gemert, 2009 und 2010
»Kief de goaltjesdief – De nieuwe club« erschien 2009 bei Clavis,
»Kief de goaltjesdief – Topvoetbal« erschien 2010 bei Clavis
Uitgeverij, Hasselt – Amsterdam – New York

© 2018 arsEdition GmbH, Friedrichstr. 9, 80801 München
Alle Rechte vorbehalten
Text: Gerard van Gemert
Übersetzung: Birgit Erdmann
Cover- und Innenillustrationen: Mark Janssen
Umschlaggestaltung: Grafisches Atelier arsEdition unter Verwendung einer
Illustration von Mark Janssen

ISBN 978-3-8458-2593-9

www.arsedition.de

Inhalt

1. ABSCHIED 9

2. DIE NEUE KLASSE 16

3. DAS ERSTE TRAINING 20

4. MELISSA 25

5. FLÖHE 32

6. STREITHÄHNE 39

7. SILLY 44

8. KLEINE KATZEN 51

9. GEGEN REMY 57

10. SUSAN BEKOMMT FREUNDE 62

11. DAS DERBY 68

12. EIN KUSS VON MELISSA 73

13. HIDDE 79

14. KARTEN FÜR DEN FC KROKANT 86

15. MISSVERSTÄNDNIS 94

16. VERLOREN 100

17. SCHULE 107

18. STREIT 112

19. KARTEN 117

20. ALLE SIND FROH 124

21. DAS SPIEL 130

22. SPANNUNG 136

23. NEUE TRIKOTS 141

24. DAS SPITZENSPIEL 146

1. ABSCHIED

»Heute wird Feld zum letzten Mal dabei sein. Deswegen verzichten wir auf die Trainingseinheit und machen gleich ein Spiel«, sagte Steven.

Die Jungen der F2-Jugend vom FC Worssel jubelten. Steven war ein strenger Trainer und normalerweise ließ er sie hart schuften. »Davon werdet ihr nur besser«, war seine Parole. Und nur wenn sie auch ihr Bestes gegeben hatten, durften sie am Ende des Trainings noch Fußball spielen.

Daryon, der Mannschaftskapitän, lief zu Flo, den alle nur Feld nannten, hinüber und

9

klopfte ihm auf die Schulter. »Super, Feld. Danke. Kein Training, nur Kicken.«

Flo lächelte, aber richtig froh war ihm nicht zumute. Heute war sein letztes Training, bevor er mit seinem Vater, seiner Mutter und seiner Schwester nach Almen zog. Dort hatte sein Vater eine neue Stelle angenommen. Seine Eltern hatten bereits alle Umzugskisten und Möbel mit einem großen Lastwagen in ihr neues Haus gebracht. Zwei starke Männer der Umzugsfirma hatten ihnen geholfen.

Flo sollte noch einen Tag bei seiner Oma bleiben und bei ihr übernachten. Morgen früh würde Papa ihn abholen und direkt in die neue Schule bringen. Flo wollte gar nicht daran denken.

»Du und Daryon dürft die Mannschaften zusammenstellen«, sagte Steven. »Du fängst an, Feld.«

Flo wählte Simon, Olivier und Rafael. Sie waren acht Jungs, also spielten sie vier gegen vier. Flo war ein guter Fußballer. Er war einer der besten der F2-Mannschaft, hatte einen harten Schuss und machte viele Tore. Deshalb, und weil Flo mit Nachnamen Feldmann hieß, nannten ihn seine Mannschaftskameraden *Feld, unser Fußballheld.* Wenn er aufs Tor zielte, hielt sich der Torhüter oft die Hände vors Gesicht.

Flo war jetzt am Ball und passte ihn zu Olivier. Der ließ einen Gegenspieler stehen und versuchte den Ball zurück zu Flo zu spielen. Das ging leider schief, ein Gegner stoppte den Ball, der dann in hohem Bogen durch die Luft flog und schließlich doch vor Flos

Füßen landete. Flo stand noch recht weit vom Tor entfernt, trotzdem wagte er den Abschluss. Er traf den Ball voll mit dem Spann, sodass dieser in gerader Linie aufs Tor zuflog. Erst sah es so aus, als würde das Leder sein Ziel verfehlen, aber er prallte mit Effet an den Pfosten und ging ins Netz.

»Glanzleistung, Feld«, rief Steven. »Wir werden unseren Fußballhelden vermissen, nicht wahr, Jungs?«

Flo würde sie auch vermissen. Er hoffte, auch in Almen in einer guten Mannschaft zu spielen.

Nach dem Training holte seine Oma ihn ab und Flo verabschiedete sich von seinen Mannschaftskameraden. »Kommst du denn mal vorbei und schaust uns zu?«, fragte Daryon.

»Natürlich«, antwortete Flo. »Wenn ich Oma das nächste Mal besuche. Darf ich, Oma?«

»Du darfst mich immer besuchen«, sagte Oma. »Und dann kommen wir hierher und feuern deine alte Mannschaft an.«

Oma half Flo, seine Sachen zusammenzusuchen. Papa würde ihn morgen sehr früh abholen, da war es besser, vor dem Schlafengehen alles gepackt zu haben. Oma würde noch seine Trainingssachen waschen. »Dann hat deine Mama weniger Arbeit.«

Flo hatte bereits seinen neuen Fußballdress für Almen bekommen. Er würde für den FSV Almia spielen, und die hatten andere Hosen und Trikots als der FC Worssel.

Oma hatte ihm schon Gute Nacht gesagt, aber Flo konnte nicht einschlafen. Er war viel zu aufgeregt. Morgen früh kam er in eine neue Klasse und abends musste er sofort zum Training in den neuen Klub. Beim FC Worssel hatte er immer dienstags trainiert, aber jetzt, beim FSV Almia, würde er mittwochs zum Fußball gehen. Toll, denn so hatte er diese Woche zweimal Training. *Fast wie ein Profi*, dachte Flo. *Mensch, wäre das schön, wenn ich später bei den Profis spielen könnte.* Daran dachte er eine Weile und schlief ein.

2. DIE NEUE KLASSE

Die Lehrerin legte Flo eine Hand auf die Schulter und stellte sich mit ihm vor die Klasse. »Das ist Flo«, sagte sie, »euer neuer Mitschüler.« Sie ließ Flo los und schrieb seinen Namen mit großen Buchstaben an die Tafel. FLO.

»Reimt sich auf Po«, rief Remy von hinten.

Die Lehrerin lächelte, sagte aber nichts.

»Was für ein blöder Name«, sagte Remy jetzt.

Flo wurde rot. Er stand zum ersten Mal vor seiner neuen Klasse und schämte sich, weil er geärgert wurde.

16

»Schluss jetzt, Remy.« Die Lehrerin klang streng. »Mir gefällt der Name.«

»Hui, Flo ist ja jetzt schon Ihr Lieblingsschüler.« Remy schon wieder.

Das war zu viel. »Geh raus auf den Gang, Remy«, sagte die Lehrerin, »und überlege dir mal, was du gerade alles von dir gegeben hast.«

Remy ging hinaus. Auf dem Gang stand eine Bank, auf die sich die Kinder setzen mussten, wenn sie aus dem Unterricht geschickt wurden. Hier sollten sie für fünf Minuten darüber nachdenken, was sie falsch gemacht hatten, bevor sie wieder ins Klassenzimmer durften.

»Flo, setz dich doch neben Susan«, sagte die Lehrerin, nachdem Remy die Tür hinter sich geschlossen hatte. Sie zeigte auf ein Mädchen in der zweiten Reihe. Sie trug den Arm in einem Verband.

Flo ging zu ihr hinüber und setzte sich auf

den freien Platz. Verstohlen warf er dem Mädchen einen Blick zu. Susan lächelte ihn an. Flo lächelte auch, schaute aber gleich wieder weg.

Der Unterricht fing an. Erst hatten sie Mathe und danach Geschichte. Die Lehrerin konnte gut erzählen, fand Flo.

In der Pause schlenderte Flo allein über den Schulhof. Bei ein paar Bänken spielten einige Jungs Fußball und ein paar Meter weiter klickerten Kinder mit Murmeln. Flo fühlte sich einsam. Keiner kam zu ihm, um mit ihm zu reden oder zu fragen, ob er mitspielen wollte. Er seufzte tief und ging zu den Jungen mit dem Fußball hinüber.

»Kann ich mitmachen?«, fragte er.

Einer der Jungen war Remy. Er sah Flo an und schüttelte den Kopf. »Dann wären wir vier gegen drei, das ist unfair«, sagte er.

Stimmt, dachte Flo.

Er setzte sich auf den Boden und schaute seinen neuen Klassenkameraden beim Kicken zu. Schade, dass er nicht mitspielen durfte.

»Wieso spielst du denn nicht mit?«, fragte ihn plötzlich jemand. Es war Susan. Sie stand neben ihm.

»Vier gegen drei ist unfair«, sagte Flo, und Susan lächelte ihn wieder an, genau wie vorhin im Klassenzimmer. »Was ist mit deinem Arm passiert?«

Nun lächelte Susan nicht mehr. »Ich bin letzte Woche beim Turnen gestürzt. Und jetzt kann ich mit den anderen nicht seilspringen.« Es klang wirklich kläglich.

Flo bekam Mitleid mit ihr. Er fand sie ziemlich nett und sie sah auch ganz gut aus.

Es klingelte. Die Pause war vorbei. Flo stand auf und ging mit Susan wieder hinein. Er hoffte, dass die anderen ihn beim nächsten Mal mitspielen ließen.

3. DAS ERSTE TRAINING

Flo fand es schrecklich, dass er seine alten Schulfreunde und Mannschaftskameraden verloren hatte. Hier in Almen kannte er niemanden.

Nach der Schule hatte Flo zu Hause erzählt, dass er in der Pause nicht hatte mitspielen dürfen.

»Du findest bestimmt bald neue Freunde«, hatte seine Mutter gesagt. »Es dauert einfach seine Zeit.« Flo glaubte ihr kein Wort.

Zum Glück war heute sein erstes Training in seinem neuen Klub. Flo freute sich darauf, aber ein bisschen mulmig war ihm schon.

Immerhin würde er auf Kinder treffen, die er noch nie im Leben gesehen hatte. Und die wahrscheinlich schon ziemlich lange miteinander trainierten.

Seine Mutter brachte Flo zur Klubkantine des FSV Almia. Sofort kam ein Mann auf die beiden zu. »Du bist bestimmt Flo«, sagte der Mann.

Flo brachte kein Wort heraus und blickte seine Mutter an. Sie legte ihm die Hand auf die Schulter. Es war ein beruhigendes Gefühl.

»Stimmt«, sagte sie freundlich, gab dem Mann die Hand und stellte sich vor. »Das ist Flo.«

Der Mann wandte sich an ihn. »Hallo Flo«, sagte er mit einem Lächeln. »Ich bin Hidde, dein neuer Trainer.«

Flo gab ihm die Hand, war aber so verlegen, dass er nichts erwidern konnte.

»Na, dann komm mal mit in die Kabine«,

sagte Hidde. »Ich stelle dir deine Mannschaftskameraden der F5 vor.« Hidde war noch recht jung, fand Flo. In jedem Fall ein gutes Stück jünger als seine Eltern. Flo trabte hinter Hidde her.

In der Kabine waren ungefähr zehn Kinder. Flo sah, dass auch drei Mädchen zu der Mannschaft gehörten. Sie waren gerade dabei, ihre Fußballschuhe zu schnüren. Alle redeten durcheinander. Doch als Hidde mit Flo hereinkam, wurde es plötzlich still.

»Das ist Flo«, sagte Hidde. »Ab jetzt gehört er zur Mannschaft. Er trainiert heute das erste Mal mit.« Es blieb still. »Such dir doch schnell einen Platz. Ich bin gleich wieder da.« Hidde drehte sich um und weg war er.

Flo stellte seine Tasche ab und setzte sich auf die Bank. Er kramte seine Trainingssachen hervor und legte sie neben sich. Danach zog er Schuhe, T-Shirt und Hose aus.

Ein paar Jungen fingen an zu lachen. Flo

stand nur noch in seiner Unterhose da. »Was soll das denn?«, fragte einer der Jungen.

Flo fühlte sich ziemlich unwohl, ließ sich aber nichts anmerken. »Na, ich ziehe mich um«, sagte er.

»Welcher Idiot bringt denn bitte seine Trainingssachen mit?«, meinte ein anderer. Die anderen fingen wieder an zu lachen.

Schnell zog Flo seine Sporthose und das Trikot über. Aber die Jungs piesackten ihn weiter. »Aus was für einem Kuhkaff kommst du denn? Wenn es draußen so warm ist wie heute, trainieren wir einfach in irgendwelchen T-Shirts und kurzen Hosen, kapiert?« Wieder Gelächter.

Flo hätte heulen können. So machte ihm Fußball überhaupt keinen Spaß. Er sehnte sich nach seinem alten Verein, dem FC Worssel. Dort hatten sie in der Kabine immer herumgealbert. Er seufzte und versuchte, die Tränen wegzublinzeln, doch ohne großen

Erfolg. Deshalb holte er schnell seine Fußballschuhe aus der Tasche. So konnte er
nach unten schauen und die anderen würden sein Gesicht nicht sehen. Und seine Tränen auch nicht. Zum Glück waren die meisten Jungs schon fertig und verließen den
Umkleideraum.

Nur ein blondes Mädchen war noch da. Sie
stand vor dem Spiegel und band ihr langes
Haar mit einem Gummi zum Pferdeschwanz.
Durch den Spiegel warf sie Flo einen Blick
zu. Sie sahen sich ganz kurz in die Augen.
Flo starrte schnell seine Schuhe wieder an
und band die Schnürsenkel zu.

4. MELISSA

»Ich heiße Melissa«, sagte das blonde Mädchen. »Mach dir nichts draus, die Jungs sind einfach gemein.«

Flo stand auf. »Ach, nicht so schlimm«, sagte er tapfer. Schön, dass Melissa mit ihm redete.

»Bist du sicher?«, fragte sie. »Du hast fast geheult.«

Mist, dachte Flo. Er hatte gehofft, dass es keiner gesehen hatte, und jetzt wusste er nicht, was er sagen sollte.

»Aber das macht nichts, echt«, meinte Melissa. »Wenn ich hier neu wäre und sie

mich ärgern würden, hätte
ich auch geheult.« Sie lachte Flo an. »Kommst du
mit?«

Flo trottete hinter ihr her. Im Flur holte er
sie ein. »Habt ihr schon richtige Punktspiele
gehabt?«, fragte Flo.

Melissa nickte. »Dreimal verloren«, antwortete sie. »Wir sind nicht gut genug. Die
Jungs denken natürlich, dass wir Mädchen
daran schuld sind.«

»Bescheuert«, sagte Flo. Es fühlte sich
komisch an, so neben Melissa herzulaufen.
Auf einmal fand er ihr blondes Haar sehr
schön.

Melissa zuckte die Schultern. »Mir ist das
egal.«

Sie kamen beim Spielfeld an. Hidde hatte
Kegel aufgestellt und sie mussten einige
Übungen machen. Flo fand es herrlich und
er wurde ein paar Mal von Hidde gelobt.

26

Danach trainierten sie, aufs Tor zu schießen. Darin war Flo besonders gut. Beim FC Worssel nannten sie ihn nicht umsonst *Feld, unser Fußballheld*. Der Torhüter stand bereit. Die Spieler stellten sich in seine Spielfeldhälfte. Sie sollten den Ball zu Hidde spielen, der ihn wieder zurückgab.

Und dann kam der Torschuss. Fast keinem gelang ein Treffer. Nur dem Jungen, der gesagt hatte, dass Flo wohl aus einem Kuhkaff käme. Ismael hieß er. Nun war Flo an der Reihe.

»Stolper nicht über deinen Trainingsanzug«, sagte ein Junge, und zwar so leise, dass Hidde es nicht hörte. Die anderen aber mussten lachen.

Flo passte den Ball mit der Innenseite des Fußes zu Hidde. Der gab den Ball zurück. Flo nahm ihn mit dem Spann an und holte aus. Der Ball flog rasend schnell knapp unter der Latte ins Netz.

»Aha«, lachte Hidde. »Du hast einen guten Schuss. Oder war das Glück?«

»Pures Glück«, rief Ismael. Flo sagte nichts, aber innerlich jubelte er.

Als Flo wieder dran war, gelang ihm ein weiteres Tor. Diesmal sagte niemand mehr etwas, auch Ismael nicht.

Nur Melissa traute sich. »Toller Schuss, Flo. Du bist wirklich gut.« Flo war furchtbar stolz, dass Melissa das gesagt hatte.

Am Ende des Trainings spielten sie dann eine Partie. Flo rannte hin und her, um so oft wie möglich an den Ball zu kommen. Er machte sich ziemlich gut, fand er selbst und landete zwei Treffer mit Weitschüssen.

Später waren die Jungs in der Kabine viel stiller als vor dem Training. Jan machte Flo sogar ein Kompliment. »Was für zwei tolle Tore«, sagte er. Er war vorhin in Flos Mannschaft gewesen.

»War ja nicht so schwer!«, sagte Ismael. »Sophie stand schließlich im Tor, und die lässt alles rein.«

»Ich halte immer noch besser, als du spielst«, meinte Sophie.

»Das hättest du wohl gern«, rief Ismael. »Wegen euch verlieren wir doch die ganze Zeit.«

Jetzt mischte sich auch Melissa ein. »Es gibt mehr Jungs als Mädchen in der Mannschaft, also liegt's ja wohl an euch.« Sie streckte Ismael die Zunge raus.

»Aber wenn gar keine Mädchen in der

Mannschaft wären, hätten wir alle Spiele gewonnen«, sagte Ismael.

Flo fand es total blöd, dass sie sich gegenseitig die Schuld für die Niederlagen gaben. Beim FC Worssel hatten sie auch manchmal verloren, aber keiner hatte dem anderen dafür die Schuld gegeben.

Melissa zeigte auf Flo. »Aber jetzt haben wir ja Flo. Du wirst sehen, Samstag gewinnen wir. Er ist echt der beste von uns.«

Ismael stand auf. »Quatsch«, sagte er. »Ich bin der Kapitän, also bin ich auch der beste in der Mannschaft.«

Flo schaute Melissa an. Die zwinkerte ihm zu. Das komische Gefühl von vorhin fuhr ihm wieder in den Bauch. Und ihre blonden Haare fand er auch immer noch schön.

5. FLÖHE

»Wie war das Training? Schön?«, fragte Papa beim Abendessen.

Flo nickte.

»Hast du ihnen gezeigt, warum man dich beim FC Worssel *Feld, unser Fußballheld* genannt hat?«

Flo nickte noch einmal. »Ich habe beim Spiel zwei Tore geschossen, und Melissa meinte, ich sei der beste von allen.«

»Wer ist Melissa?«, fragte Flos Schwester Anne.

»Sie ist in meiner Mannschaft«, antwortete Flo.

»Ach«, sagte Anne. »Flo hat Mädchen in der Mannschaft.«

Flo wurde rot.

Anne sah es. »Und anscheinend ist er in Melissa verliebt.«

»Nein«, sagte Flo und warf seiner älteren Schwester einen grimmigen Blick zu. »Sie ist einfach nur ein Mädchen in meiner Mannschaft.«

»Lass gut sein, Anne«, sagte Mama.

»Und darfst du Samstag schon mitspielen?«, fragte Papa.

»Ja«, sagte Flo. »Wir spielen gegen die F6 der Almer Boys.«

»Na, das wird spannend«, sagte Papa. »Ein richtiges Derby.«

»Ein was?«, fragte Flo.

»Wenn zwei Fußballklubs aus derselben Stadt gegeneinander antreten, nennt man das ein Derby«, erklärte Papa. »Der FSV Almia und die Almer Boys kommen beide

aus Almen. Solche Derbys sind immer unheimlich spannend.«

»Oh«, sagte Flo. Er hatte noch nie in einem Derby gespielt.

Nach dem Essen durfte er noch etwas aufbleiben, musste dann aber rasch ins Bett.

»Puh, was für ein anstrengender Tag«, sagte Mama, als Flo im Bett lag. »Eine neue Klasse und eine neue Fußballmannschaft. Lief es denn gut?«

Flo nickte. Aber als Mama weg war und er noch ein bisschen darüber nachdachte, vermisste er Worssel doch sehr. Dort war alles viel besser.

Nur Melissa, die fand er besser als alle Mädchen aus ganz Worssel zusammen.

34

Doch hätte er die Wahl gehabt, er wäre in Worssel geblieben.

In der Schule ließen sie ihn am nächsten Tag in der großen Pause wieder nicht mitkicken. Die Jungs aus seiner Klasse spielten wie immer miteinander und Flo saß auf der Erde und schaute ihnen dabei zu. Es fiel ihm auf, dass Remy ein ziemlich guter Fußballspieler war.

Susan kam zu ihm. »Hallo«, sagte sie.

»Hallo.«

»Lassen die Jungs dich immer noch nicht mitspielen?«

»Ich habe sie nicht gefragt«, antwortete Flo, »also weiß ich es nicht.« Tja, das stimmte. Aus Angst, Remy würde wieder Nein sagen, hatte Flo erst gar nicht den Mund aufgemacht.

»Sie lassen uns Mädchen auch nie mitspielen«, sagte Susan tröstend.

»Und warum nicht?«, erkundigte sich Flo.

»Sie sagen, wir hätten Flöhe.« Susan machte eine Grimasse.

»Flöhe? Menschen haben doch keine Flöhe, Katzen vielleicht oder Hunde!«

»Ich weiß«, sagte Susan. »Aber die meisten Mädchen haben ein Haustier, und deshalb sagen die Jungs so was und lassen uns nicht mitspielen.«

»Blödsinn«, sagte Flo.

»Die Jungen und Mädchen aus unserer Klasse spielen wirklich nie miteinander«, sagte Susan. »Die Jungs finden das, glaube ich, total cool.«

Flo verstand gar nichts mehr. In Worssel spielten alle miteinander und hatten immer eine Menge Spaß.

»Was für ein Haustier hast du?«

»Eine Katze.«

Gerade als er wissen wollte, wie die Katze hieß, klingelte es. Flo stand auf und schlenderte zum Schulgebäude hinüber. Er wollte, dass Remy ihn einholte. Als Remy an ihm vorbeilief, ging Flo schneller. »Du kannst richtig gut Fußball spielen.«

»Das weiß ich«, sagte Remy. Es klang nicht nett.

»Spielst du auch beim FSV Almia?«, wollte Flo wissen. Er ließ sich nicht von Remys unfreundlichem Ton abschrecken.

»Bist du verrückt?«, antwortete Remy mit angeekeltem Gesicht. »Almia ist echt mies. Ich spiele beim besten Klub der Stadt, den Almer Boys. Wer will denn schon für Almia spielen?«

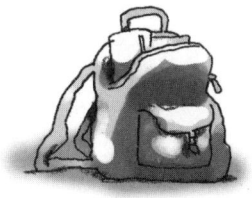

Flo antwortete nicht sofort, er dachte nach. Samstag würde er gegen die F6 der Almer

Boys antreten. »In welcher Mannschaft bist du?«

»In der F6«, sagte Remy. »Wieso?«

Oje, dachte Flo. *Dann spiele ich Samstag gegen Remy.* »Nur so«, sagte Flo.

»Du bist ganz schön neugierig«, erwiderte Remy.

Zum Glück waren sie im Klassenzimmer angekommen und Flo brauchte nicht mehr zu antworten. Schnell setzte er sich auf seinen Platz.

6. STREITHÄHNE

Nach der Schule ging Flo nach Hause. In Worssel hatte er mit seinen Freunden nach dem Unterricht oft noch Fußball gespielt. Die meisten seiner Mannschaftskameraden waren auch bei ihm in der Klasse gewesen.

»Weißt du, Worssel ist klein«, hatte ihm seine Mutter erklärt. »Da wohnen nicht so viele Leute, es gibt nur einen Fußballklub und zwei Schulen. Almen ist eine große Stadt mit zwei Fußballvereinen und einer ganzen Menge Schulen.«

Flo wusste das natürlich, musste sich aber trotzdem erst daran gewöhnen. Mit den

Händen in den Hosentaschen ging er weiter. Zu Hause würde er sich bestimmt schrecklich langweilen. Er hatte hier ja keine Freunde, mit denen er spielen konnte. Er war so versunken, dass ihm gar nicht auffiel, wie jemand hinter ihm herging und versuchte, ihn einzuholen. Erst als die Schritte näher kamen, drehte er sich um.

»Hallo Flo«, sagte Susan mit einem freundlichen Lächeln.

»Hallo.«

»Willst du heute Nachmittag mit mir spielen?«, fragte sie.

Flo freute sich sehr darüber. »Ja, toll.«

»Kommst du mit zu mir?«, fragte Susan.

Flo nickte. »Ich bringe nur noch schnell die Tasche nach Hause und sage meiner Mutter Bescheid«, sagte er fröhlich.

»Prima«, sagte Susan. »Ich begleite dich und dann gehen wir zusammen zu mir.«

Nebeneinander gingen sie weiter. Susan

redete die ganze Zeit. Sie erzählte ihm, dass sie Turnerin war, einen Bruder hatte und dass ihre Katze bald Katzenbabys bekommen würde. Flo fand Susan sehr nett.

Zu Hause warf Flo seine Tasche in den Flur. Mama war oben, deshalb rief er ihr nur zu, dass er mit zu Susan gehen wollte.

»Ist gut«, rief Mama. »Aber um fünf Uhr bist du wieder hier.«

»Ja«, versprach Flo. Als er aus dem Haus trat, lachte Susan ihn an.

Sie hatten sich gerade auf den Weg gemacht, als ihnen drei Jungs auf ihren Fahrrädern entgegenkamen. Es waren Remy, Benjamin und Dave aus ihrer Klasse. Als sie Flo und Susan erreicht hatten, hielten sie an.

»Ach nee«, sagte Remy zu Flo, »gehst du jetzt mit dieser Flohkugel, oder was?«

Flo sah, wie Susan rot anlief und auf ihre Füße starrte. Sie schämte sich, dass Remy sie »Flohkugel« nannte. Flo verstand überhaupt nichts. Er fand, Remy sollte sich schämen, weil er so etwas gesagt hatte.

»Sei nicht so blöd, Remy«, sagte Flo. »Das ist echt nicht nett.«

»Soll ich dir eine verpassen?«

Flo wusste nicht, was das Ganze sollte. Er hatte doch nichts Falsches gesagt, aber Remy wollte sich sofort mit ihm prügeln.

»Ja, Remy, verpass ihm eine«, sagte Dave.

Susan zog Flo am Ärmel. »Komm, Flo«, flüsterte sie und er ließ sich wegziehen.

Remy und seine Freunde lachten die beiden aus. »Hast wohl die Hosen voll, hä?«, rief Benjamin. Wieder lautes Gelächter. »Pass bloß auf, sonst hast du auch bald Flöhe«, brüllte Dave ihnen noch hinterher. Dann radelten sie weiter.

»Was ist denn mit denen los?«, fragte Flo.

»Ach nichts«, sagte Susan leise. »Die sind immer so, besonders zu Mädchen.«

Flo merkte, dass sie ziemlich niedergeschlagen war.

Susan wohnte ganz in Flos Nähe, nur drei Straßen weiter.

Bei ihr war es gemütlich. Sie durften am Computer spielen. Susan konnte natürlich nur einen Arm benutzen, deshalb war es anfangs etwas mühsam, aber dann ging es doch ganz gut. Später tranken sie mit Susans Mutter Limonade und aßen Kekse. Flo vergaß die Zeit, aber zum Glück erinnerte ihn Susans Mutter daran und er war pünktlich um fünf Uhr zu Hause.

7. SILLY

Am nächsten Morgen hatten sie in der ersten Stunde Mathe. Flo saß weiterhin neben Susan, und das freute ihn. Die anderen Jungs aus der Klasse zogen ihn zwar damit auf, aber nicht mehr so oft.

Auch die Pausen verbrachten Flo und Susan zusammen. Seine Klassenkameraden ließen Flo immer noch nicht mitkicken und Susan konnte wegen ihres Arms nicht beim Seilhüpfen mitmachen.

Während sie rechneten, hörte Flo, dass Susan immer wieder die Nase hochzog. Hatte sie sich erkältet? Aber als er ihr einen Blick zuwarf, bemerkte er, dass ihr die Tränen über das Gesicht liefen. Herrje, sie weinte ja!

Die Lehrerin hatte es auch schon bemerkt. Sie kam zu Susan und beugte sich zu ihr.

»Susan, was hast du denn?«

Susan zuckte die Schultern.

»Möchtest du es mir nicht sagen?«

Susan schüttelte den Kopf.

»Tut dir der Arm weh?«, bohrte die Lehrerin nach.

Wieder schüttelte Susan den Kopf. »Silly ist weggelaufen«, sagte sie leise.

»Silly? Deine Katze?«

»Ja«, sagte Susan.

»Dann bist du ja endlich deine Flöhe los«, rief Remy von hinten.

Die Lehrerin stellte sich vor Remy. »Setz dich draußen im Flur auf die Bank und denke darüber nach, was du gesagt hast.«

Remy stand auf und ging zur Tür. »Ist doch gar nicht so schlecht. Endlich keine

Flöhe mehr«, sagte er noch, bevor er das Klassenzimmer verließ.

Susan hatte sich wieder beruhigt und weinte nicht mehr. Sie machten weiter mit ihren Rechenaufgaben.

Dann ging die Lehrerin hinaus, um mit Remy zu reden. Flo fiel auf, dass sie ziemlich verärgert war, als sie zurückkam, und dass Remy geheult hatte. Er hatte ganz rote Augen.

In der Pause gingen Flo und Susan nebeneinander über den Schulhof. »Wieso denkst du, dass Silly weggelaufen ist?«, fragte er.

»Silly kommt abends immer zu uns zurück, nur gestern nicht. Und heute Morgen war sie immer noch nicht da. Ich hoffe, ihr ist nichts passiert.«

»Vielleicht hat sie sich nur verlaufen«, meinte Flo.

Susan prustete los. »Nee, Quatsch, Katzen kennen den Heimweg. Immer.«

Flo war froh, dass Susan lachen konnte.

»Meine Mutter hat gesagt, dass Silly Junge bekommt und sie vielleicht deshalb weggelaufen ist. Manche Katzen machen so was. Sie möchten ihre Jungen ganz alleine kriegen.«

»Oh?«, sagte Flo. »Klug ist das aber nicht gerade.«

»Nein, das finde ich auch«, sagte Susan. »Dann muss sie ganz alleine für ihre Kätzchen sorgen. Vielleicht sterben sie ja.« Susan sah wieder sehr traurig aus.

Flo hoffte, dass sie nicht noch mal anfing zu weinen. »Ach«, sagte er, »bestimmt ist sie nach dem Unterricht da.«

Das war sie aber nicht. Flo hatte Susan nach der Schule heimgebracht.

»Ist Silly schon da?«, fragte Susan, sobald sie im Flur standen.

»Nein, Schatz«, antwortete ihre Mutter.

»Schade«, sagte Susan enttäuscht und ihre Augen füllten sich mit Tränen.

»Hallo, Flo«, sagte Susans Mutter. »Schön, dich zu sehen.«

Flo nickte, wusste aber nicht recht, was er antworten sollte.

»Dürfen wir etwas am Computer spielen?«, fragte Susan.

»Nein«, sagte ihre Mutter, »das Wetter ist viel zu schön. Geht doch raus.«

Susan drehte sich zu Flo um. »Wollen wir Tischtennis spielen?«, fragte sie.

»Geht das denn mit deinem Arm?«

»Mir tut der linke Arm weh, aber ich schlage mit rechts«, sagte Susan.

»Trotzdem solltest du vorsichtig sein, Susan«, meinte ihre Mutter.

»Bin ich«, sagte Susan heiter. Sie nahm zwei Holzschläger und den Ball aus dem Schrank. »Komm, wir gehen auf den Sportplatz hinterm Haus.«

»Schöner Sportplatz«, sagte Flo, als sie da waren. Es gab zwei Fußballtore mit Netzen aus Stahl. »Wird hier auch manchmal gekickt?«, fragte Flo.

»Nein, eigentlich nicht«, antwortete Susan und schlug auf. Sie mussten sich erst aneinander gewöhnen, aber nach einer Weile gelang es ihnen, den Ball immer länger hin- und herzuschlagen, ohne dass er zu Boden fiel. Einmal sogar zehn Mal hintereinander.

Diesen Rekord wollten Susan und Flo dann brechen. Sie spielten immer verbissener, so verbissen, dass Susan den Ball mit einem Mal viel zu hart schlug und Flo ihn nicht mehr erreichen konnte. Der Ball verschwand im Gestrüpp am Spielfeldrand.

Flo lief zu den Büschen hinüber und machte sich auf die Suche. »Weißt du ungefähr, wo er hingeflogen ist?«, fragte er Susan.

»Etwas weiter links«, rief sie.

Flo schob die Zweige zur Seite und schaute nach, ob er den Ball irgendwo entdeckte. Er fand ihn nicht. Aber er hörte etwas. Ein leises Piepsen. Vielleicht eine Maus?

8. KLEINE KATZEN

Flo dachte nicht mehr an den Tischtennis-
ball. Er spitzte die Ohren. Er lauschte, woher
das Gepiepse kam.

»Hast du ihn gefunden?«, rief Susan.

»Nein.« Das Piepsen wurde lauter, er war
also schon ziemlich dicht dran. Zum Glück
hatte er vor Mäusen keine Angst. Wieder
schob er ein paar Zweige zur Seite. Und was
er dann sah, hatte er noch nie zuvor gesehen. Im Moos lag eine schwarze Katze mit
weißen Flecken. Und neben ihr, fest an ihrem Bauch, lagen fünf kleine Knäuel. »Wie
sieht Silly aus?«

»Was?«, rief Susan von Weitem.

»Wie sieht Silly aus?«, fragte Flo.

»Schwarz mit weißen Flecken«, sagte Susan. »Wieso?«

»Äh ... ich glaube, ich habe sie gefunden.« Später wusste er nicht mehr genau, wie lange es gedauert hatte, aber es war ihm so vorgekommen, dass Susan binnen einer Sekunde hinter ihm gestanden hatte.

»Silly?«, fragte sie. Aber als sie dann dasselbe entdeckte, was auch Flo schon gesehen hatte, rief sie: »SILLY!«, und wollte ihre Katze gleich streicheln.

»Besser nicht«, sagte Flo. Silly lag mit den Kätzchen irgendwie komisch da, und Flo hatte Angst, eines der Jungen könnte zerbrechen, wenn Susan Silly streichelte. »Kannst du deine Mutter holen?«, fragte er. Susan rannte los und kam schnell mit ihrer Mutter zurück.

»Ach, du törichtes Tier«, sagte Susans Mut-

ter, als sie neben der Katze kniete. Sie streichelte Sillys Kopf. Sofort fing die Katze zu schnurren an.

»Muss sie jetzt hier liegen bleiben?«, fragte Flo.

»Nein, das wäre nicht gut. Dann würden aus den Kleinen wilde Katzen werden und keine Haustiere.« Sie berührte kurz alle Jungen, dann drehte sie sich um. »Ihr beide holt jetzt einen Karton aus dem Schuppen und ein paar alte Handtücher aus dem Schrank im Flur.«

Susan und Flo flitzten los und holten die Sachen.

»Darf ich Silly mal streicheln?«, fragte Flo.

»Natürlich«, sagte Susans Mutter.

Vorsichtig berührte Flo den schwarzen Katzenkopf. Sie schnurrte und stupste Flos Hand immer wieder mit dem Kopf an, wenn er kurz aufhörte, sie zu streicheln. Das war toll!

Susans Mutter breitete die Handtücher im Karton aus, hob Sillys Jungen vorsichtig hoch und legte sie nebeneinander in den Karton. Silly war gar nicht damit einverstanden und miaute laut. »Na komm, spring rein«, sagte Susans Mutter zu Silly. Die Katze sprang in den Karton und hatte ihre Jungen wieder.

»Flo, möchtest du uns dabei helfen, den Karton zu tragen?«, fragte Susans Mutter.

Flo nickte und ergriff die eine Seite des Kartons. Susan nahm die andere Seite, und so gingen sie nach Hause.

Dort angekommen, stellten sie den Karton

in die Küche. Ab und zu sprang Silly heraus, um etwas zu fressen, sonst aber blieb sie bei ihren Jungen.

Susan und Flo verbrachten den ganzen Nachmittag bei den Katzen, bis Flo nach Hause musste. »Frag doch deine Eltern, ob du ein Kätzchen haben darfst«, meinte Susans Mutter.

»Müssen sie denn nicht bei ihrer Mutter bleiben?«

Susans Mutter lachte. »Aber nein! In ein paar Wochen können sie von der Mutter getrennt werden und dann müssen sie ein neues Zuhause finden.«

»Ich werde meine Eltern fragen.« Es wäre bestimmt cool, eine Katze zu haben.

Abends erzählte Flo seiner Mutter die ganze Geschichte. Er vergaß auch nicht zu fragen, ob er eines der Kätzchen haben dürfte. Sie würde darüber nachdenken und mit Papa reden, war die Antwort.

9. GEGEN REMY

Am nächsten Morgen sagte Mama beim
Frühstück, dass Flo eines von Sillys Katzen-
kindern haben durfte. Flo war überglücklich
und Anne auch. Das wollte er Susan so
schnell wie möglich erzählen, aber es war
noch viel zu früh für die Schule.

»Wie heißt dein Trainer noch?«, fragte
Papa, der die Zeitung las.

»Hidde«, antwortete Flo mit vollem Mund.

»Hidde de Vries?«, fragte Papa.

Das wusste Flo nicht. Er schaute seine Mutter an. »Ja, de Vries heißt er«, sagte sie.
»Netter Kerl.«

»Hm«, meinte Papa. »Jedenfalls muss er ein guter Fußballer sein, denn er wechselt zum FC Krokant.«

»Echt?«, fragte Flo. Anne und Flo sprangen auf und liefen zu ihrem Vater. Der FC Krokant war der beste Verein im Land, wenn nicht in ganz Europa, fand Flo.

»Da steht's«, sagte Papa und zeigte auf die Zeitung. Mit einem Foto von Hidde. *Hidde de Vries wechselt zum FC Krokant*, stand über dem Artikel.

»Cool«, sagte Flo. »Spielt er am Sonntag schon mit?«

»Nein«, sagte Papa. »Er wechselt erst zur nächsten Saison dorthin.«

Flo sah auf die Uhr. Es war Zeit für die Schule. Er nahm seine Schuhe und zog sie an.

»Gehst du schon?«, fragte Mama.

»Ja, ich will Susan sagen, dass wir ein Kätzchen nehmen.«

»Ich dachte, du stehst auf Melissa?«, ärgerte ihn Anne.

Flo antwortete nicht, schaute sie aber wütend an. Er nahm Jacke und Tasche und ging zur Tür hinaus. »Na dann tschüs«, rief Anne. Aber Flo war schon weg und hörte sie nicht mehr.

Auf dem Schulhof hielt Flo Ausschau nach Susan, doch sie war nirgends zu sehen. Es war aber auch wirklich noch sehr früh und noch waren kaum Kinder da. Hinten in der Ecke des Schulhofs saßen Remy und Dave auf einer Bank.

Flo ging zu ihnen. »Hallo«, sagte er.

Die beiden schauten auf, sagten aber nichts. Sie unterhielten sich einfach weiter. »Aber Hidde de Vries spielt doch beim FSV Almia«, sagte Remy.

»Na und?«, sagte Dave. »Deshalb kann er doch ein guter Fußballer sein.«

Remy zuckte die Schultern. Er war ganz anderer Meinung.

Flo trat noch einen Schritt näher. »Hidde de Vries ist mein Trainer«, sagte er.

Jetzt sahen die Jungs ihn an. »Quatsch«, sagte Dave.

»Wirklich. Warum sollte ich euch anlügen?«, antwortete Flo.

»Du spielst bei Almia?«, fragte Dave. Er machte ein Gesicht, als hätte er in eine Zitrone gebissen.

Flo nickte.

»In welcher Mannschaft?«, fragte Remy.

»F5.«

Remy dachte kurz nach, dann sprang er auf. »Shit, Mann, dann spielen wir ja morgen gegeneinander.«

»Stimmt«, sagte Flo.

Remy riss die Arme in die Luft und lachte.

»Na, das wird easy.« Er wollte noch etwas hinzufügen, aber Flo drehte sich um und ging weg. Er wollte sich nicht länger auslachen lassen.

Susan betrat gerade den Schulhof. Flo rannte auf sie zu. »Susan, Susan«, rief er, »ich darf eine Katze von euch haben.«

Susan lächelte. »Klasse! Dann kannst du dir heute nach der Schule ja gleich eine aussuchen.«

»Gute Idee!«, meinte Flo.

Später hatte Flo selbst auch eine gute Idee. Er musste noch ein wenig darüber nachdenken, dann würde er mit Susan in der Pause darüber sprechen. Wenn sein Plan gelang, könnte er damit endlich die Jungen und Mädchen seiner Klasse zusammenbringen.

10. SUSAN BEKOMMT FREUNDE

»Wenn wir jetzt allen Klassenkameraden erzählen, dass ihr kleine Katzen habt, wollen sie die bestimmt sehen«, sagte Flo zu Susan in der Pause. »Und vielleicht spielen die Jungen und die Mädchen danach miteinander.«

»Meinst du, das klappt?«, fragte Susan und starrte vor sich hin. »Glaubst du das wirklich? Das wäre cool!« Sie strahlte ihn an.

»Ja, könnte doch klappen«, antwortete Flo.

Und Flos Plan ging auf. Die meisten Klassenkameraden fanden es unglaublich niedlich, dass Susan kleine Katzen zu Hause hatte. Alle wollten nach der Schule mit zu ihr, um sie sich anzusehen. In der großen Pause hatte Susan ihre Mutter um Erlaubnis gefragt, und wenn sie nicht allzu viel herumtobten, war es in Ordnung.

Der Nachmittag bei Susan daheim wurde sehr lustig. »Wenn Silly unruhig wird, müsst ihr gehen«, hatte Susans Mutter gesagt.

Aber Silly wurde nicht unruhig. Sie blieb ganz friedlich im Karton liegen und ließ sich von den Kindern streicheln.

Flo hatte sich als Erster ein Kätzchen ausgesucht. Mitnehmen durfte er es aber noch nicht. Die Jungen mussten noch ein paar Wochen bei ihrer Mutter bleiben.

Einige Klassenkameraden wollten jetzt auch zu Hause nachfragen, ob sie eine Katze haben dürften.

Flo blieb am längsten. Er wohnte ja auch ganz in der Nähe.

»Du hattest recht«, sagte Susan. »Eben

waren die Jungen und Mädchen ziemlich nett zueinander.«

»Schön, oder?«

»Ja, sehr schön«, sagte Susan und lächelte Flo an.

»Ich muss jetzt aber dann auch mal los«, sagte Flo. »Sonst komme ich zu spät.«
Er rannte mit einem guten Gefühl nach Hause.

Aufgeregt wachte Flo auf. Heute war sein erstes Spiel für den FSV Almia. Und es war nicht einfach nur ein Spiel. Es war viel spannender als früher mit dem FC Worssel. Denn heute würde er gegen die Almer Boys spielen. Und gegen Remy.

Flo schaute auf den Wecker. Halb sieben. Samstags durfte er nicht vor acht Uhr sein Zimmer verlassen. Er versuchte, wieder einzuschlafen, aber es gelang ihm irgendwie nicht. Also holte er sein Comic-Heft heraus.

Als er es durchgelesen hatte, war es erst zehn vor sieben. Flo seufzte. Die Zeit wollte einfach nicht vergehen.

Es dauerte ewig, bis es endlich kurz vor acht Uhr war. Und als der Wecker genau 08:00 anzeigte, stieg Flo aus dem Bett. Seine Eltern schliefen noch und auch Annes Zimmertür war noch zu. Leise ging er die Treppe hinunter und setzte sich vor den Fernseher.

Nach einer Weile tauchte Mama auf. »Du bist aber früh wach«, sagte sie. »Bist du aufgeregt?«

Flo nickte.

»Pack doch schon mal deine Tasche, dann schmiere ich dir in der Zwischenzeit ein paar Butterbrote«, meinte Mama.

»Ich habe meine Tasche schon gepackt.«

»Und auch die Fußballschuhe geputzt?«

Flo nickte noch einmal. »Aber ich werde mich waschen und anziehen«, sagte er. Er war froh, etwas zu tun zu haben. Das Spiel wurde erst um elf Uhr angepfiffen, was Flo echt spät fand. Er musste noch ewig warten, bevor er das Spielfeld betreten würde.

Dann ging es mit waschen, anziehen und frühstücken doch ziemlich schnell, und wie von selbst wurde es Viertel nach zehn.

Flo radelte mit seinen Eltern zum Sportplatz. Die Tasche hatte er sich auf den Gepäckträger geschnallt.

Am Eingang stand Remy. Wahrscheinlich wartete er dort auf seine Mitspieler.

»Hallo«, sagte Flo. Er war neugierig, ob Remy ihn begrüßen würde.

»Hallo«, sagte Remy.

Bestimmt, weil Mama und Papa dabei sind, dachte Flo. *1:0 für mich.* Er musste selbst darüber lachen. Hoffentlich steht es später auch 1:0, aber dann besser durch ein richtiges Tor.

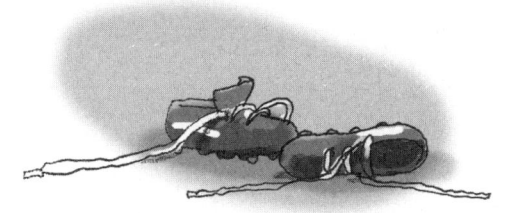

11. DAS DERBY

Auch in der Kabine konnte man spüren, dass heute ein wichtiges Spiel bevorstand. Die Mädchen redeten ununterbrochen, die Jungs waren still. In der Kantine hatten sie mit Hidde darüber gesprochen, wie cool sie es fanden, dass er bald zum FC Krokant wechseln würde.

Hidde musste zwar darüber lachen, sagte aber nichts weiter. »Wenn wir hier heute gewinnen, lade ich euch nächste Saison alle zu einem Spiel vom FC Krokant ein«, sagte er. Die ganze Mannschaft brach in Jubel aus. »Aber heute spielen wir erst einmal gegen die

Almer Boys, und das ist superwichtig, also lasst uns jetzt nicht vom FC Krokant reden. Wir sprechen nur noch über unser Spiel.«

Flo stellte es sich fantastisch vor, ins Stadion zu gehen und dem FC Krokant zuzusehen. Das hatte er noch nie gemacht. Na ja, aber dafür musste jetzt ein Sieg her.

»Wir machen gleich ein ordentliches Warm-up«, sagte Hidde, als sich alle umgezogen hatten. Flo trug seine nagelneuen Fußballsachen. Ein gelb-rotes Trikot, eine rote Hose und rot-gelb geringelte Strümpfe. Ganz hübsch und total anders als sein blauer Fußballdress vom FC Worssel.

Auf dem Spielfeld schaute Flo sich ab, was die anderen beim Warm-up machten. Es war nicht schwer, aber doch anders als bei seinem alten Verein. Auf der anderen Seite des Felds waren die Spieler der Almer Boys. Remy war unter ihnen, und an der Armbinde erkannte Flo, dass Remy ihr Kapitän war.

Flo war zunächst nur Einwechselspieler und blieb bei Hidde und Mireille, einem der drei Mädchen in der Mannschaft, stehen. Von der ersten Minute an war es ein spannendes Spiel und die Eltern feuerten die beiden Teams an.

Flo fand, dass die Almer Boys stärker waren. Sie waren immer in der Nähe des Tors vom FSV Almia. Remy spielte gut und war oft am Ball. So wie jetzt. Er dribbelte nach vorn und schoss aufs Tor. Der Ball flog knapp unter die Latte, und Youri, der Torhüter vom FSV Almia, kam nicht mehr dran. 1:0 für die Almer Boys.

Remy jubelte und lief mit seinen Mannschaftskameraden zurück in die eigene Hälfte.

»Welche Position spielst du am liebsten, Flo?«, fragte Hidde.

70

»Im Sturm«, antwortete Flo.

»Bestimmt, weil du so einen harten Schuss hast.« Hidde lachte.

»In Worssel nannten sie mich *Feld, unser Fußballheld*«, sagte Flo stolz.

»Na, Feld, dann zeig mal, was du kannst«, sagte Hidde. Er ging zur Seitenlinie und rief Sophie zu, dass sie ausgewechselt wurde. Sie rannte zur Linie und klatschte Flo ab. Der fand das lustig.

Es stand ziemlich lange 1:0, und das war neu für Flo. In Worssel endeten die Spiele meistens mit zahlreichen Treffern.

Kurz vor dem Halbzeitpfiff kam Ismael an den Ball. Er und Flo bildeten den Sturm. Er dribbelte ständig, und Hidde rief, dass er abspielen sollte. Flo stand gerade frei, erwartete aber nicht, den Ball zu bekommen.

»Hierüber, Ismael«, rief er trotzdem. Und auch Hidde schrie dem Kapitän der F5 zu, dass Flo frei stehen würde. Wunder über Wunder: Ismael flankte den Ball tatsächlich zu Flo. Der überlegte kurz, wie weit er wohl vom Tor weg stand. Ungefähr fünfzehn Meter. »Schieß nicht«, rief Ismael. »Das ist zu weit.«

Flo kümmerte sich nicht darum, sondern schoss so hart er konnte aufs Tor. Der Ball ging in die obere linke Torecke. Alle waren von dem knallharten Schuss derart überrascht, dass es kurz ganz still war. Dann plötzlich fingen alle Fans vom FSV Almia zu jubeln an. Sogar Ismael gratulierte Flo zu seinem Treffer. »Tolles Tor, Flo«, sagte er und klopfte ihm auf den Rücken.

Glücklich trabte Flo zurück in die eigene Hälfte. Er hatte in seinem allerersten Spiel für den FSV Almia ein Tor geschossen. Und ein schönes noch dazu.

12. EIN KUSS VON MELISSA

Die zweite Halbzeit war über weite Strecken sehr spannend. Flo hatte noch eine Torgelegenheit, schoss aber knapp vorbei, und auch die Almer Boys hatten noch ein paar gute Chancen.

Flo und Melissa spielten jetzt im Sturm, Ismael im Mittelfeld.

Noch eine Minute. Ismael war am Ball und dribbelte an zwei Gegenspielern vorbei.

Flo war zur Seitenlinie gelaufen. Er hob die Hand, um Ismael zu zeigen, dass er frei stand. Ismael flankte den Ball zu Flo. Für einen Direktschuss war das Tor zu weit entfernt.

Also lief Flo mit dem Ball am Fuß auf das Tor zu. Ein Verteidiger stand zwischen ihm und dem Tor. Melissa war auf der anderen Seite völlig frei, aber der Verteidiger versperrte auch hier den Weg. Flo konnte ihr den Ball nicht zuspielen. Sollte er schießen oder lieber den Verteidiger austricksen?

Er beschloss, Letzteres zu tun, und ließ den Verteidiger stehen. Jetzt hatte er nur noch den Torhüter vor sich. Flo hörte seine Eltern rufen und auch Hidde schrie ihm ermunternd zu.

Der Torhüter rannte aus dem Tor, und Flo wollte gerade schießen, als er Melissa rufen hörte: »Hier, Flo, hier.«

Melissa stand immer noch völlig frei. Wenn es Flo jetzt gelänge, ihr den Ball zuzuspielen, hätte sie ein leeres Tor vor sich. Mit der Innenseite spielte Flo den Ball am Torwart vorbei und zu Melissa hinüber. Sie stoppte den Ball und schoss ins leere Tor. Vom

Spielfeldrand ertönten Jubelschreie und Melissa rannte vor Freude grölend davon. Ihre Mitspieler liefen hinter ihr her. Und dann feierten sie auf dem Rasen ein kleines Freudenfest.

Die Almer Boys trabten zurück in die eigene Hälfte. Kurz darauf wurde das Spiel abgepfiffen und die Spieler und Spielerinnen vom FSV Almia brachen wieder in Jubel aus. Sie gaben ihren Gegenspielern die Hand. Selbst Remy gratulierte Flo. »Schönes Tor«, sagte er. Flo fand das sehr fair.

In der Kabine herrschte großer Trubel. Hidde war begeistert und Ismael erinnerte ihn an sein Versprechen. »Jetzt dürfen wir nächste Saison zu einem Spiel des FC Krokant«, sagte er.

Hidde kniff die Augen zusammen. »Tja«, sagte er. »Versprochen ist versprochen.« Die Mannschaft jubelte und tanzte durch die Kabine.

Flo tanzte einfach mit. Es war, als spielte er schon ewig für seinen neuen Verein.

»Was für ein Tor, Flo«, sagte Ismael.

»Und deine tolle Vorlage erst«, meinte Melissa und küsste Flo auf die Wange. Flo lief rot an.

In der Kantine ging es danach hoch her. Flo stand gerade bei seinen Eltern, als Remy zu ihm kam. »Ganz schön spannendes Spiel«, sagte er.

»Ja, das stimmt«, sagte Flo.

»Ich wusste gar nicht, dass du so gut kicken kannst«, sagte Remy.

Flo lachte nur.

»Und was du für einen harten Schuss hast.«

»In Worssel nannten sie mich immer *Feld, unser Fußballheld*«, sagte Flo.

»Das glaube ich«, sagte Remy lachend. »Spiel doch Montag auf dem Schulhof einfach mit.«

»Mach ich.« Flo merkte, wie glücklich ihn das machte.

»Aber nur, wenn du in meiner Mannschaft spielst«, sagte Remy. »Einen Fußballhelden sollte man am besten im eigenen Team haben.«

13. HIDDE

»Hier, zu mir!«, rief Flo. »Ich stehe frei.«

Ismael war am Ball und sah zu ihm herüber. Dann passte er Flo den Ball zu. Der nahm ihn mit dem Innenrist an und schoss ihn oben ins Tor. 6:0. Er jubelte und lief zu Ismael. Sie klatschten sich ab und trabten nebeneinander zurück in die eigene Hälfte.

»Toller Treffer, Feld«, sagte Ismael.

Feld war Flo Feldmanns Spitzname. Die meisten seiner Fußballfreunde nannten ihn so. »Tolle Vorbereitung«, antwortete Flo lächelnd.

Kurz darauf pfiff der Schiedsrichter das

Spiel ab. Die E6 des FSV Almia hatte schon wieder gewonnen. Sie standen auf dem ersten Tabellenplatz und hatten nicht einmal verloren, genau wie ihr nächster Gegner, der FC Rapitas. Das würde sicher eine spannende Begegnung werden.

Im Umkleideraum herrschte großer Jubel. Flo zog sich gerade die Fußballschuhe aus, als Melissa sich zu ihm setzte. Sie war eines der drei Mädchen, die für die E6 spielten. Flo und Melissa waren befreundet. Sie trafen sich oft schon vor dem Training, um ein wenig zu kicken. »Wow, du hast ja schon wieder drei Tore geschossen«, sagte sie und Flo lächelte.

»Er heißt bei uns ja auch nicht umsonst: *Feld, unser Fußballheld*«, sagte Maarten, der Trainer. »Wie viele Treffer hast du diese Saison schon gemacht, Feld?«

»Hm, kurz überlegen ... neun«, antwortete Flo stolz.

Maarten nickte. »Nicht schlecht für einen Stürmer. Neun Tore in fünf Partien.«

»Mann, ich habe auch schon sieben geschossen«, sagte Ismael, »und ich gebe viel mehr Vorlagen.«

»Das stimmt«, meinte Maarten. »Du gibst eine Menge Vorlagen. Die sind genauso wichtig wie die Tore.«

Ismael nickte zufrieden. Letzte Saison hatte er noch viele Dribblings verloren, aber jetzt gab er den Ball öfter ab, und dadurch traf die E6 auch häufiger. Flo und Ismael spielten sehr gut zusammen. Sie waren auf dem Feld einfach ein super Team.

»Ich muss los«, sagte Maarten. »Ich muss gleich selbst auf den Platz.« Maarten spielte in der ersten Mannschaft des FSV Almia. »Ich sehe euch Montag beim Training.«

Die Kinder nickten.

»Bis Montag!« Maarten packte seine Tasche und verließ den Umkleideraum.

Die Jungen und Mädchen der E6 zogen sich um. Als sie fast alle fertig waren, ging die Tür auf. »Hidde!«, rief Melissa.

»Hallo«, sagte Hidde. Letzte Saison war Hidde noch ihr Mannschaftstrainer gewesen. Er war selbst ein sehr guter Fußballer und gehörte bis vor Kurzem noch der ersten Mannschaft des FSV Almia an. Aber er hatte als Trainer aufhören müssen, weil er zum FC Krokant gewechselt war. Deshalb hatte er leider keine Zeit mehr, ihre Mannschaft zu trainieren. Der FC Krokant war der beste Profiklub im Land.

Ismael lief auf Hidde zu. »Du warst im Fernsehen!«

»Ja, toll, was?«, sagte Hidde und lachte. Er hatte beim FC Krokant schon ein paar Mal in dem riesigen Stadion auf dem Rasen gestanden und sogar ein Tor geschossen. Flo wusste das, denn er hatte die Sportschau geguckt.

»Bist du morgen wieder mit auf dem Platz?«, fragte Ismael.

Hidde nickte. »Ich glaube schon.«

»Super.«

»Ihr wart heute richtig gut«, sagte Hidde. »Ich habe die letzten fünf Minuten gesehen und du hast ein schönes Tor geschossen, Feld.«

Flo strahlte. Hidde de Vries war jetzt so etwas wie ein Star, und da konnte man einfach nur stolz über so ein Kompliment sein.

»Aber deshalb bin ich nicht hier«, sagte Hidde. »Ich habe eine Überraschung für euch.« Er schaute sich im Umkleideraum um. Dann zog er aus seiner Hosentasche einen

Briefumschlag und hielt ihn in die Luft. »Erinnert ihr euch noch?«

Jan stand auf. »Eintrittskarten für den FC Krokant!«, rief er.

Flo sah Hidde an. Jetzt fiel es auch ihm wieder ein: Letztes Jahr war der FSV Almia gegen die Almer Boys angetreten, den anderen Fußballverein in Almen. Kurz vor dem Spiel wurde bekannt gegeben, dass Hidde zum FC Krokant wechseln würde.

Er hatte damals versprochen, dass er ihnen, wenn sie gegen die Almer Boys gewinnen sollten, Karten für den FC Krokant besorgen würde.

14. KARTEN FÜR DEN FC KROKANT

Hidde spannte die E6 nicht länger auf die Folter. Er öffnete den Umschlag und wedelte mit den Eintrittskarten. »Für euch! Karten für das Champions-League-Spiel gegen Arsenal am Mittwoch.«

Hidde hatte den Satz kaum beendet, schon sprangen die Jungen und Mädchen jubelnd durch den Umkleideraum. Es herrschte eine riesige Aufregung.

Als sich alle wieder etwas beruhigt und sich bei Hidde bedankt hatten, fragte er: »Wo ist eigentlich Maarten?«

»Der musste weg. Hat selbst noch ein Spiel«, antwortete Melissa.

Hidde schaute betreten drein. »Schade. Na, dann bringe ich sie halt heute Abend bei ihm vorbei.« Hidde setzte sich und blieb noch kurz im Umkleideraum. Vergnügt unterhielt er sich mit den Kindern. Alle fanden es supercool, dass so ein berühmter Fußballer einfach so bei ihnen im Umkleideraum saß. Nach zehn Minuten verabschiedete er sich.

Die E6 redete noch eine Weile über Hidde. Dann ging Flo duschen. In Unterhose kam er zurück und zog sich an. Nur Melissa war noch da. Die anderen waren schon fort. Sie duschten lieber zu Hause.

»Schau mal«, sagte Melissa, »der Umschlag mit den Karten liegt noch hier.«

Flo ging zu ihr hinüber und nahm ihr den Umschlag ab. Er öffnete ihn und zog die Karten heraus. »FC Krokant gegen Arsenal«, las er. »Toll, oder?«, sagte Flo.

Melissa nickte. »Was machen wir jetzt damit?«

»Nimm du sie doch mit, du wohnst doch bei Maarten um die Ecke.«

»Okay.« Melissa steckte die Karten in die Jackentasche und zog den Reißverschluss zu. »Wenn ich zu Hause bin, gebe ich sie gleich meinem Vater. Ich habe viel zu große Angst, ich könnte sie verlieren.«

»Gute Idee«, sagte Flo, »und dein Vater gibt sie dann Maarten.« Er ging in den Duschraum, stellte sich vor den Spiegel und kämmte sich. Melissa rief ihm etwas aus dem Umkleideraum zu.

Flo spitzte die Ohren. »Bis Montag«, hörte er Melissa noch rufen.

»Bis Montag«, rief er zurück. Dann würden sie sich wieder beim Training treffen.

»Karten für das Spiel FC Krokant gegen Arsenal?«, fragte Flos Vater abends beim Fernsehen. »Das ist aber nett von Hidde. Gut, dass ihr Ferien habt, so ein Spiel kann ganz schön lange dauern.«

»Wie lange denn?«

Flos Vater dachte nach. »Anpfiff ist um Viertel vor neun, dann zwei Halbzeiten à fünfundvierzig Minuten, also ist das Spiel erst gegen halb elf zu Ende.«

»Mann, dann bist du ja erst nach elf zu Hause«, sagte Anne, Flos ältere Schwester.

»Aber ihr lasst mich doch mit ins Stadion gehen?«, fragte Flo beklommen. Er machte sich ein wenig Sorgen, ob seine Eltern es ihm erlauben würden.

Seine Mutter lachte. »Natürlich darfst du mit.«

»Zum Glück«, sagte Flo. Er wollte noch etwas sagen, aber das Telefon klingelte.

Sein Vater nahm den Hörer ab. »Feldmann«, sagte er. Kurze Pause. »Ah, hallo Maarten. Wie habt ihr heute Nachmittag gespielt?«

Flo war ganz Ohr. Wenn Maarten anrief, ging es immer um die E6.

»Ach, super. Ihr schlagt euch aber auch ganz gut.« Flos Vater hörte wieder zu.

»Nein, kein Problem«, sagte er dann. »Okay, prima. Das richte ich ihm aus.« Jetzt redete wieder Maarten am anderen Ende. »Ja, abgemacht«, antwortete Flos Vater. »Tschüs, Maarten.« Dann legte er auf.

»Und?«, fragte Flo sofort. Sein Vater machte ein betretenes Gesicht.

»Aus Mittwoch wird nichts«, sagte er.

»Was?«, rief Flo. Er sprang auf. »Warum nicht?«

»Ähm, nicht alle Eltern sind einverstanden,

also hat Maarten beschlossen, dass dann keiner von euch ins Stadion gehen darf.«

Flo ließ sich auf die Couch fallen. Er fühlte Tränen in den Augen aufsteigen und fast heulte er los.

»Ist das dein Ernst?«, fragte seine Mutter. »Och, wie schade.« Ihrer Stimme war anzumerken, wie enttäuscht sie war.

»Quatsch, nur ein kleiner Scherz«, sagte Flos Vater. Er musste lachen. »Maarten hat gefragt, ob ich nächste Woche als Fahrer einspringen kann, wenn ihr gegen den FC Rapitas spielt.«

»Du bist so gemein«, rief Flo. Er sprang auf und stürzte sich auf seinen Vater. Sie tollten und kugelten über den Boden.

»Also hat Maarten das Spiel gegen Arsenal gar nicht erwähnt?«, fragte Flo.

»Nein«, lachte der Vater. »Hat er nicht.«

Flo fiel wieder über seinen Vater her und sie balgten sich noch ein wenig.

»Jetzt ist es aber gut«, sagte Flos Mutter nach einer Weile.

Flos Vater nahm den Jungen in den Schwitzkasten. »Gnade?«, fragte er seinen Sohn.

»Niemals«, schrie Flo.

Sein Vater fing an, ihn zu kitzeln. »Und jetzt?«

Flo prustete vor Lachen. »Jaaaaaha«, japste er. Sein Vater ließ ihn los. Flo blieb noch liegen und schnappte nach Luft.

»Jetzt ist aber Schlafenszeit«, sagte Flos Mutter, »geh nach oben.«

»Darf ich noch etwas trinken?«

»Ja, aber trödel nicht rum.«

Mit einem Glas Limonade setzte sich Flo wieder auf die Couch. »Ich bin gespannt, was Remy dazu sagt, wenn ich ihm am Montag in der Schule davon erzähle, dass ich zum Champions-League-Spiel gehe.«

»Na, er wird ziemlich überrascht sein«, meinte seine Mutter. Remy war Flos Schulfreund. Letztes Jahr war Flo hierher gezogen und in eine neue Klasse gekommen. Anfangs war Remy nicht gerade nett zu ihm gewesen. Aber inzwischen waren sie Freunde.

»Und jetzt aber ab ins Bett«, sagte seine Mutter.

15. MISSVERSTÄNDNIS

Am Montag wachte Flo mit einem guten Gefühl im Bauch auf. Er wusste sofort, warum: In zwei Tagen würde er zum Spiel FC Krokant gegen Arsenal gehen. Zum ersten Mal in dem riesigen Stadion auf der Zuschauertribüne sitzen. Er war furchtbar gespannt, wie das wohl sein würde.

Gemeinsam mit Susan ging Flo zur Schule. Sie wohnten nicht weit voneinander und trafen sich immer an der Ampel. »Am Mittwoch gehe ich zum FC Krokant«, sagte Flo.

»Was ist der FC Krokant?«, fragte Susan.

Flo musste grinsen. Er konnte sich nicht

vorstellen, dass jemand den FC Krokant nicht kannte. »Das ist der beste Fußballverein im ganzen Land«, sagte er.

»Ach so, Fußball«, sagte Susan. »Mein Vater mag kein Fußball.«

Ah, deshalb, dachte Flo. Jetzt war ihm klar, weshalb Susan noch nie etwas von seinem Lieblingsverein gehört hatte.

»Du darfst also zu einem Fußballspiel?«

»Ja.« Flo strahlte. »Sie spielen dort gegen Arsenal.«

»Bestimmt auch ein guter Verein«, meinte Susan.

Jetzt musste Flo laut lachen. »Ja, das ist einer der besten Vereine von England.«

Sie erreichten den Schulhof und Susan rannte sofort zu ihren Freundinnen. Flo schaute sich um, ob Remy schon da war, konnte ihn aber nirgends entdecken. Ein paar Minuten später lief Remy über den Schulhof. Flo rannte ihm entgegen. »Remy,

Remy«, rief er, »ich gehe Mittwoch ins Stadion. Krokant gegen Arsenal.«

»Immer mit der Ruhe«, lachte Remy. »Wo gehst du hin?«

»Zu Krokant gegen Arsenal? Zum Champions-League-Spiel?«, fragte Remy, als Flo es noch einmal gesagt hatte. Remy riss die Augen auf. Er konnte es kaum glauben. »Echt?«

Flo erzählte die Geschichte von Hidde und dass sie die Karten bekommen hatten, weil sie die Almer Boys besiegt hatten. Remy spielte bei den Almer Boys.

»Weil wir verloren haben, habe ich euch also geholfen, die Karten zu bekommen?«, fragte Remy. »Dann müsst ihr mich eigentlich mitnehmen.«

Flo legte den Arm um Remy. »Wenn es ginge, würde ich dich mitnehmen.«

»War bloß ein Witz«, sagte Remy. »Aber ziemlich cool, dass du ins Stadion kannst und noch dazu zu einem richtigen Champions-League-Spiel.«

Flo lachte stolz. Er freute sich, dass Remy es cool fand.

Es klingelte und sie gingen ins Klassenzimmer. Flo konnte an nichts anderes als an Mittwochabend denken. Noch zwei ganze Tage. Ziemlich lange.

Am Abend ging Flo zum Training. Er freute sich schon total darauf, nichts tat er lieber. Bestimmt würden sie heute nur über das Spiel am Mittwoch reden.

Als er im Umkleideraum neben Melissa saß, fragte sie leise: »Hast du Maarten die Karten gegeben?«

Flo blickte sie erstaunt an. »Ich? Wieso ich? Du hattest sie doch eingesteckt.«

»Was? Nee! Als du dir die Haare gekämmt hast, habe ich dir noch zugerufen, dass ich sie in deine Jackentasche getan habe.«

Flo dachte nach. Er konnte sich nur daran erinnern, dass Melissa ihm etwas aus dem Umkleideraum zugerufen hatte. Aber das Einzige, was er verstanden hatte, war »bis Montag«. »Ich habe nur gehört, dass du mir Tschüs gesagt hast«, flüsterte Flo.

»Ja, und davor habe ich gerufen, dass ich die Karten in deine Jacke gesteckt habe. Ich hatte viel zu viel Angst, sie zu verlieren«, sagte Melissa. Sie nahm Flos Jacke vom Haken. Flo zog sich weiter um. Melissa griff erst in die eine Tasche, dann in die andere. »Sie sind nicht mehr da.«

»Was?«

»Sie sind wirklich nicht mehr da«, sagte Melissa. Flo merkte, dass sie fast weinte.

»Hast du den Verschluss zugemacht?«

»Ich weiß es nicht mehr«, gab Melissa zu. »Ich glaube schon.« Sie sah ziemlich niedergeschlagen aus.

Maarten kam in den Umkleideraum. »Kommt ihr zum Training?«

Flo war noch nicht fertig und musste sich beeilen. »Wir suchen nach dem Training weiter.«

»Ist gut«, sagte Melissa.

»Wir finden sie bestimmt wieder«, sagte Flo. »Vielleicht hat meine Mutter sie rausgenommen.« Er hoffte, sie damit beruhigen zu können.

Melissa lächelte. »Hoffentlich.«

16. VERLOREN

»Heute geht es ausschließlich um das Spiel am Samstag gegen den FC Rapitas«, sagte Maarten streng. »Es ist ein besonders wichtiges Spiel für uns. Wenn wir gewinnen, führen wir die Tabelle mit drei Punkten Vorsprung an.«

Sie übten erst ein wenig Ballabgabe und -annahme. Danach musste ein Spieler der Verteidiger sein. Zwei andere sollten versuchen, ihn zu umspielen und ein Tor zu schießen. Das war ziemlich schwierig.

Flo spielte mit Sophie zusammen. Ismael war der Verteidiger, und der konnte schnell rennen. Das machte das Ganze noch schwieriger. Flo spielte den Ball zu Sophie und sie spielte ihn gleich wieder zurück. Ismael kam auf Flo zu, wodurch Sophie frei stand.

»Hier rüber, Feld«, rief Sophie.

Flo passte ihr den Ball zu. Sophie befand sich jetzt allein vorm Tor. Sie schoss so fest sie konnte. Jan stand im Tor und schoss den Ball weg. Der flog in hohem Bogen zu Flo hinüber. Ohne nachzudenken, nahm er den Ball an und drosch ihn in die linke obere Ecke.

»Ha«, rief Maarten. »Da ist er wieder: Feld, unser Fußballheld. Ich hoffe, du bist Samstag auch so gut in Form.«

Flo musste lachen. Er fand selbst, dass es ein tolles Tor gewesen war.

»Eigentlich zählt der Treffer nicht«, sagte Ismael. »Sophie hatte ja schon geschossen und der Ball ging nicht ins Netz.«

»Ja, das stimmt«, meinte Maarten.

Flo war es egal. Er hatte ein schönes Tor geschossen, ob es nun zählte oder nicht.

Nach dem Schusstraining spielten sie noch eine Partie und Flo machte zwei Tore. Sein Team gewann 5:3.

Danach saßen sie im Umkleideraum und ruhten sich aus. »Ihr habt heute richtig gut trainiert«, sagte Maarten. »Wenn wir am Samstag auch so gut spielen, werden wir bestimmt gewinnen.«

Melissa hörte gar nicht zu. »Schau noch mal in deine Jackentasche, Flo.«

Flo durchsuchte alle seine Taschen und schüttelte den Kopf. »Die sind hier nicht. Bist du dir ganz sicher, dass du sie in meine Jacke gesteckt hast?«

Melissa nickte.

Die Tür ging auf und Hidde kam herein. Mit lautem Gejubel begrüßten ihn die Spieler des FSV Almia. Nur Flo und Melissa blieben still und sahen sich unglücklich an.

»Hallo«, sagte Hidde.

Maarten schüttelte ihm die Hand und fragte, wie es ihm beim FC Krokant so erging. Hidde antwortete, dass alles super wäre, vor allem weil er jetzt der Stammelf angehörte. Danach meinte Hidde, dass sich die erste Mannschaft des FSV Almia auch recht gut machte. Maarten nickte. Und es stimmte, denn auch die E6 führte die Tabelle an.

»Eigentlich wollte ich euch etwas fragen«, sagte Hidde. »Ich habe die Karten für Mittwoch beim letzten Mal wahrscheinlich im Umkleideraum liegen lassen. Hat jemand von euch sie zufällig gefunden?«

Die meisten schüttelten den Kopf. Melissa und Flo schauten sich wieder stumm an.

»Ich hatte sie in einen Umschlag gesteckt und glaube, dass ich sie hier abgelegt habe.« Hidde deutete auf eine Bank im Umkleideraum.

Keiner sagte etwas. Aber alle wussten, dass,

falls die Karten wirklich weg waren, sie nicht ins Stadion gehen könnten. Ohne Karten kein Spiel.

»Verdammt«, sagte Hidde. »Tja, dann habe ich sie wohl wirklich verloren.«

»Kannst du denn keine neuen besorgen?«, fragte Ismael.

Hidde lachte. »Nein, das wäre schön. Jeder Spieler kriegt nur ein paar Karten und ich habe alle schon verschenkt. Mein Name steht drauf.«

»Dann können wir Krokant gegen Arsenal wohl vergessen«, sagte Sophie traurig.

Maarten trat in die Mitte des Raumes. »Das muss nicht sein. Vielleicht finden wir sie ja noch oder jemand hat sie eingesteckt.«

»Der gibt sie aber bestimmt nicht mehr her«, meinte Ismael.

»Ich werde eine Notiz ans Schwarze Brett in der Kantine hängen und überall herumfragen«, sagte Maarten.

»Danke«, sagte Hidde. »Ich hoffe sehr, sie tauchen wieder auf.«

Melissa und Flo gingen zu den Fahrradständern. »Ich habe mich nicht getraut, den Mund aufzumachen«, meinte sie.

»Ich auch nicht«, gab Flo zu. Ohne ein weiteres Wort schlossen sie ihre Räder auf.

»Treffen wir uns morgen zum Kicken auf dem Schulhof?«, fragte Flo. Melissa kam häufig nach dem Unterricht zu Flos Schule, um mit ihm und seinen Klassenkameraden auf dem Schulhof zu spielen.

»Ich glaube schon«, sagte Melissa.

»Also, dann bis morgen.« Dann radelten beide in unterschiedliche Richtungen davon.

17. SCHULE

»So was Ärgerliches!«, sagte Flos Vater beim Frühstück. Gestern Abend war er sehr spät von der Arbeit nach Hause gekommen.

Flos ältere Schwester saß auch am Tisch. »Das ist doch komisch, da findet jemand einen Briefumschlag und gibt ihn einfach nicht zurück.«

»Ja, ziemlich komisch«, meinte auch Flos Mutter.

Flo biss sich auf die Lippe. Er hatte seiner Mutter die Sache mit den Karten gestern nach dem Training erzählt. Und er hatte gehofft, dass sie sie in seiner Jackentasche gefunden hatte. Aber das war nicht der Fall gewesen. Er traute sich nicht zu sagen, dass er sie verloren hatte. »Ich hoffe echt, wir finden sie noch.« Er hatte sich so auf das Spiel gefreut.

»Ja, das hoffe ich auch«, sagte Anne. Sie machte sich oft lustig über ihren Bruder, aber dieses Mal nicht.

Flo stand auf. »Ich muss los.«

»Vergiss nicht, dass du heute Mittag in der Schule bleiben musst«, sagte seine Mutter.

»Oh Mann«, rief Flo.

»Ich gehe mit Oma einkaufen.«

»Muss Anne auch in der Schule bleiben?«, fragte er.

»Nein«, antwortete seine Mutter, »Anne ist alt genug, um über die Mittagszeit allein nach Hause zu kommen.«

»Ich bin auch alt genug«, sagte Flo.

»Nächstes Jahr vielleicht.«

Verärgert ging Flo in den Flur und zog sich

die Schuhe an. Anne lief ihm hinterher. »Flo ist ein Baby, Flo ist ein Baby«, trällerte sie und rannte die Treppe hoch.

Flo packte einen Schuh und warf ihn Richtung Treppe. Er verfehlte seine Schwester und der Schuh purzelte die Treppe wieder herunter.

»Was ist denn da draußen los?«, rief Flos Mutter und streckte verwirrt ihren Kopf aus der Küche.

»Nichts«, rief Flo zurück und zog sich den zweiten Schuh an. Er nahm seinen Rucksack und ging zur Tür. »Ich gehe«, rief er.

»Warte mal«, antwortete seine Mutter. »Es ist noch viel zu früh.« Sie kam auf Flo zu und hielt ihm seine Butterbrotdose und die Trinkflasche hin. Danach gab sie ihm einen Kuss. »Sei vorsichtig«, sagte sie wie jeden Morgen.

Flo sagte nichts. Er war sauer, weil er über Mittag in der Schule bleiben musste. Er

packte Brotdose und Flasche in den Rucksack und ging. Aber an der Ecke drehte er sich trotzdem kurz um. Seine Mutter stand am Fenster. Sie winkte ihm zu und Flo winkte zurück.

Flo hatte Susan zu Hause abgeholt, sonst hätte er viel zu lange an der Ampel auf sie warten müssen. Deshalb waren sie früh auf dem Schulhof. Remy war auch schon da. Flo erzählte den beiden von dem Schlamassel mit den Karten.

»Ist das wahr?«, fragte Remy. »Wie schade. Und was jetzt?«

»Jetzt können wir nicht ins Stadion.«

»So ein Mist«, sagte Remy. Ein paar Schulkameraden kamen auf den Schulhof. Remy rannte auf sie zu. »Wollen wir zusammen kicken?«, fragte er sie.

Die Jungs warfen ihre Rucksäcke auf den Boden und gingen zu den Bänken hinüber. Die beiden Bänke, die am weitesten auseinanderstanden, dienten als Tore. Sie kickten mit einem Tennisball. Viel zu früh klingelte es und sie mussten zum Unterricht.

Der Morgen im Klassenzimmer begann immer damit, dass sich die Schüler in einem Kreis aufstellten. Ein paar Schüler sollten etwas erzählen. Heute war Flo an der Reihe. Er redete über die Karten. Sogar die Lehrerin fand es schade. Und die mochte Fußball überhaupt nicht. Aber Flo traute sich auch jetzt nicht zu erzählen, dass die Karten aus seiner Jackentasche verschwunden waren.

18. STREIT

»Kommt Melissa auch?«, fragte Remy. Die Schule war zu Ende und die Jungs gingen zu den Bänken auf dem Schulhof hinüber.

»Gestern meinte sie, ja«, sagte Flo.

»Super, dann spielen wir drei gegen drei.«

»Sollen wir auf sie warten?«, fragte Dave, einer von Flos Klassenkameraden.

»Nein, lass uns einfach anfangen«, sagte Remy. »Flo und ich gegen euch?«

»In Ordnung«, stimmte Dave zu. Flo und Remy waren die zwei besten Fußballer der Klasse.

Fünf Minuten später radelte Melissa über

den Schulhof. »Hallo«, rief sie fröhlich. Die Jungen unterbrachen das Spiel. »Wo spiele ich mit?«, fragte sie.

»Dave, Melissa und ich gegen Flo und die anderen«, schlug Remy vor.

Damit waren alle einverstanden. Es wurde ein spannendes Spiel. Nach zehn Minuten stand es 3:3. Flo hatte gerade danebengeschossen und Remy ging den Ball holen.

»Oh nein«, sagte er. Ein paar Schüler aus der achten Klasse kamen auf sie zu. Sie kickten auch immer bei den Bänken, und wenn Flo und seine Klassenkameraden vor ihnen da waren, ekelten die älteren Jungs sie weg. Sie waren eben einfach größer und stärker.

»Okay, das ist jetzt unser Platz«, sagte Freek.

»Aber wir spielen hier doch gerade«, rief Remy.

»Jetzt nicht mehr. Verpisst euch!«

»Seid nicht albern«, sagte Melissa sehr freundlich. »Spielt einfach woanders.«

»Nee«, antwortete Freek. »Wir wollen hier spielen, also zischt ab.«

Remy griff nach dem Tennisball und warf ihn auf den Boden. »Los, wir machen weiter«, rief er.

Die anderen zögerten erst, spielten dann aber mit Remy weiter. Immer wieder sahen sie zu den größeren Jungen hinüber. Die hatten ihre Räder abgestellt und machten sich nun mitten auf dem Spielfeld breit.

»He, so können wir nicht spielen«, sagte Remy.

»Das ist ja gerade der Sinn der Sache«, sagte Freek. »Der Sinn der Sache ist nämlich, dass ihr von hier verschwindet.«

»Wir bleiben, wo wir sind.«

»Wetten, nicht?« Freek ging auf Remy zu.

Flo dachte, dass er an Remys Stelle jetzt davongelaufen wäre. Aber Remy blieb stehen und wartete ab, was passieren würde.

»Hau ab, Kleiner«, sagte Freek. »Ich meine es ernst!«

»Nicht wegen einem wie dir«, antwortete Remy.

Freek fasste Remy am Kragen und zerrte ihn von den Bänken weg.

»Hände weg«, rief Remy.

Freek lachte und stieß Remy um. Der konnte sich gerade noch auf den Beinen halten. Freek und seine Freunde warfen ihren Ball zwischen die Bänke und fingen an zu kicken.

Flo sah, dass Remy langsam wütend wurde. Das passierte im Unterricht auch manchmal, wenn die Lehrerin böse auf ihn war. »Na komm, Remy, lass uns gehen«, sagte er. Er hoffte, das würde Remy etwas beruhigen. Tat es aber nicht. Remy lief zu den Bänken, wartete, bis der Ball zu ihm hinüberrollte, und schoss ihn dann, so hart er konnte, weg. Er flog über den Schulhof. Kurz vor dem Graben blieb er liegen.

Die Jungen aus der achten Klasse sahen Remy erstaunt an. Dann kam Freek auf ihn zu. »Los, hol ihn!«

»Bestimmt nicht«, sagte Remy.

»Hol ihn oder ich schlag dir eine rein«, drohte Freek.

»Nur zu.«

19. KARTEN

Freek hob gerade die Hand, um Remy eine runterzuhauen.

»Hör auf«, rief Melissa. »Ich hol euch den Ball.«

»Soso«, lachte Freek. »Deine kleine Freundin, was?« Er hielt Remy fest. Der versuchte, sich loszureißen, schaffte es aber nicht.

Melissa trabte mit dem Ball zu Freek. »Bitte schön«, sagte sie freundlich.

Freek ließ Remy los. »Und jetzt macht euch vom Acker.«

»Also gut«, sagte Flo. »Gehen wir.«

Remy sträubte sich etwas, lief dann aber

zu Flo hinüber. »Wir kriegen dich noch«, rief er Freek zu.

»Da braucht ihr aber Verstärkung!«

Remy dachte kurz nach. »Hidde de Vries«, sagte er dann.

Ihm war klar, dass die Jungen ihn kannten, weil er beim FC Krokant spielte. Und er wusste natürlich, dass Flo und Melissa ihn kannten.

Freek stoppte den Ball. »Hidde de Vries?«, fragte er. »Als ob du den kennen würdest.«

»Die beiden schon«, antwortete Remy und zeigte auf Flo und Melissa.

»Glaub ich nicht«, sagte Freek.

»Sie gehen zum Spiel Krokant gegen Arsenal. Hidde hat sie eingeladen.« Remy fand es ziemlich cool, das sagen zu können.

»Na und, da gehen wir auch hin«, sagte Freek. »Wir haben Karten.«

»So ein Quatsch!« Remy stützte die Hände in die Seiten.

»Ach ja?« Freek ging zu seiner Jacke und holte einen Umschlag hervor, den er Remy vor die Nase hielt.

Melissa stieß Flo an. »Das ist doch unser Briefumschlag«, flüsterte sie.

Flo nickte. Er hatte es auch gesehen.

»Siehst du?«, sagte Freek und zog einen Stapel Karten heraus. »Und was steht drauf? Krokant gegen Arsenal.«

Remy nickte. Freek hatte nicht gelogen.

»Wie bist du an die Karten gekommen?« Flo hatte sich bislang nicht eingemischt, aber jetzt tat er es doch. Er war sich sicher, dass das die Karten von Hidde waren.

»Geht dich nichts an«, antwortete Freek.

»Die Karten gehören dir aber nicht«, sagte Melissa.

»Natürlich gehören die mir.«

»Nein, das sind unsere Karten«, sagte Flo. »Wir haben sie verloren.«

»Was?«, sagte Remy. Er drehte sich zu

Freek um. »Du schmieriger Dieb«, rief er ihm wütend zu.

»Gar nicht.« Freek klang, als fühlte er sich ertappt.

»Doch«, sagte Remy. »Die Karten gehören dir überhaupt nicht.«

»Ich habe sie doch selbst gefunden.«

»Und wo?«, fragte Remy.

»Hier auf dem Schulhof«, meinte Freek.

Flo trat einen Schritt vor und stellte sich neben Remy. »Weil sie mir hier aus der Tasche gefallen sind.«

»Jaja«, sagte Freek. »Und kannst du das auch beweisen?«

Flo dachte nach. Er konnte es nicht.

»Auf den Karten steht Hiddes Name«, rief Melissa und stellte sich neben ihre beiden Freunde.

Flo klatschte vor Freude in die Hände. Richtig, das hatte Hidde ja gesagt, als er die Karten vorbeigebracht hat.

»Na, Freek, dann zeig mal her«, sagte einer der Jungen aus der achten Klasse.

Freek gab ihm den Umschlag. Der Junge holte die Karten heraus und betrachtete sie. »Freek, er hat recht.«

»Reiner Zufall«, rief Freek.

»Nein, das kann nicht sein«, sagte der Junge. »Ich glaube, es sind wirklich seine Karten.«

Der Junge stopfte die Karten wieder in den Umschlag und hielt ihn Flo hin. »Viel Spaß am Mittwoch.«

»Danke«, flüsterte Flo. Er war unglaublich erleichtert. Und glücklich.

Melissa hüpfte neben Flo auf und ab. »Wir haben sie wieder, wir haben sie wieder!« Sie lief hinüber zu Remy und drückte ihn sanft an sich. »Vielen Dank für deine Hilfe«, sagte sie und gab ihm einen Kuss auf die Wange.

Flo sah, wie Remy rot anlief. Der Junge strich sich vorsichtig mit einer Hand über die Wange.

20. ALLE SIND FROH

»Die Karten waren also in deiner Tasche,
aber das hast du gar nicht gewusst?«, fragte
sein Vater.

»Richtig«, sagte Flo und erzählte genau,
was alles passiert war. Von Melissa, die die
Karten in seine Jackentasche gesteckt hatte,
bis zu der Geschichte mit Freek.

»Aber als du uns erzählt hast, dass die Karten verschwunden sind, hast du das ver-
schwiegen«, sagte seine Mutter.

Flo starrte auf den Boden. Er wusste ja,
dass das nicht gut gewesen war und dass er
nicht die ganze Wahrheit gesagt hatte.

»Stimmt«, sagte er leise.

»Warum warst du denn nicht ehrlich zu uns?«, fragte seine Mutter.

Flo zuckte die Schultern. Er hatte Angst, seine Eltern würden ihn bestrafen.

»Flo?«, fragte sein Vater noch einmal.

»Ich hatte Angst, dass ihr böse werden würdet, wenn ihr erfahrt, was mir passiert ist«, gab Flo zu.

»Ich werde eher böse, wenn du uns nicht die Wahrheit sagst, als wegen etwas anderem«, sagte sein Vater. »Verstanden?«

Flo nickte.

»Gut. Dann rufen wir jetzt Maarten an und erzählen ihm die ganze Geschichte.«

Richtig gut fand Flo das nicht, aber immer noch besser, als bestraft zu werden. Sein Vater hatte Maartens Nummer eingetippt und Flo den Hörer in die Hand gedrückt. Flo erklärte, was alles passiert war.

Maarten war wahnsinnig froh darüber,

dass die Karten wieder aufgetaucht waren. Er redete nicht darüber, dass Flo gewusst hatte, dass Hidde sie im Umkleideraum hatte liegen lassen. »Ich rufe gleich Hidde an und sage ihm, dass nun alles in Ordnung ist. Wie viele Karten sind es eigentlich insgesamt?«

Flo nahm den Umschlag vom Tisch und zählte nach. »Vierzehn.«

Maarten dachte laut nach. »Hm, also wir haben acht Spieler, drei Elternteile, die den Fahrdienst übernehmen, und mich, das macht zwölf. Dann haben wir ja eine Karte übrig.«

Das ging Flo etwas zu schnell, aber wenn Maarten es sagte, würde es schon stimmen.

»Hat dein Vater Zeit und Lust, auch mitzukommen und einige von euch zu fahren?«

Flo erzählte seinem Vater sofort von Maartens Idee. Maarten blieb solange am Telefon. Natürlich wollte sein Vater gerne mit.

»Super«, rief er. Und Flo sah ihm an, dass er sich wirklich freute.

»Und würde sich dein Freund vielleicht über die übrige Karte freuen? Der, der dir geholfen hat, die Karten wiederzubekommen«, sagte Maarten. »Wie heißt der noch gleich?«

»Remy«, antwortete Flo.

»Genau, das hat er sich verdient«, meinte Maarten.

»Der wird das cool finden«, sagte Flo.

»Prima, also bis morgen.«

»Bis morgen«, sagte Flo.

Am Abend fuhren sie mit dem Auto zum Stadion. Remy und Flo saßen auf der Rückbank. Remy war vor Freude in die Luft gesprungen, als Flo ihm die gute Nachricht überbracht hatte. Er war den ganzen Morgen total aufgedreht gewesen. Die Lehrerin hatte ihn mindestens zehn Mal ermahnen müssen, ruhig zu sein.

Mittwochnachmittag hatten sie immer schulfrei. Flo und Remy konnten kaum abwarten, bis es endlich losging. Am Stadion sollten sich dann alle E6-Spieler des FSV Almia treffen.

Und jetzt war es so weit. Sie waren unterwegs. Das Stadion lag etwa eine halbe Stunde entfernt, aber es herrschte sehr viel Verkehr auf den Straßen.

»Ist doch logisch«, sagte Flos Vater. »Das Stadion ist ausverkauft, also fahren fünfzigtausend Menschen dorthin.«

Dadurch dauerte der Weg viel länger als gewöhnlich, aber sie waren zum Glück rechtzeitig aufgebrochen.

Fünfzigtausend, dachte Flo. Er konnte sich so viele Menschen gar nicht vorstellen.

Flos Vater parkte beim Stadion, dann trafen sie die anderen Spieler von der E6. Gemeinsam gingen sie hinein.

Überall sahen sie Menschen in Trikots und

mit Schals und Mützen in den Farben des FC Krokant.

Flo war aufgeregt. Er fühlte die Anspannung im Bauch. Aber Remy war noch viel aufgeregter, er hörte gar nicht mehr auf zu quasseln. Schon im Auto. Je näher sie dem Stadion gekommen waren, umso mehr hatte er geredet.

Melissa ging neben Flo her. »Toll, oder?«

»Megatoll«, sagte Flo. Er wusste nicht, wo er zuerst hinschauen sollte, und war gespannt, wie es wohl im Stadion selbst aussah.

21. DAS SPIEL

»Block 213«, las Flos Vater vor. Sie hatten ihre Karten in eine Art Automat stecken müssen. Danach gelangten sie durch eine Drehtür auf das Stadiongelände. Aber immer nur eine Person nach der anderen.

Flo war es anfangs ein bisschen mulmig zumute. Sein Vater ging als Erster hinein, und Flo sah zu, wie es funktionierte, und machte es ihm nach. Dann kamen die anderen an die Reihe. Sie befanden sich jetzt vorm Stadiongebäude.

»Hier geht's lang«, sagte Flos Vater. Sie mussten ihre Karten vorzeigen und stiegen dann die große Treppe zu den Tribünen hinauf. Von den Zuschauerrängen schlug ihnen ein Höllenlärm entgegen.

»Ah. Block 213, das ist unserer.« Flo klammerte sich an seinen Vater. Gemeinsam erreichten sie die Tribüne.

Was Flo dann sah, fand er unvorstellbar schön. Er hatte den FC Krokant schon oft im Fernsehen spielen gesehen, aber er hatte keine Ahnung gehabt, dass das Stadion so groß war. Überall saßen orange gekleidete Menschen.

Der FC Krokant trug bei Heimspielen immer orangefarbene Trikots mit weißen Hosen und orangefarbene Strümpfe mit weißem Rand.

»Es ist ja gar nicht ausverkauft.« Flo war ein bisschen enttäuscht.

»Doch, doch«, sagte sein Vater »Warte nur. Kurz vor Anpfiff wird kein Sitz mehr frei sein.«

Und er hatte recht. Als das Spiel anfing, war das Stadion brechend voll. Wohin Flo auch schaute, sah er Menschen. Es gab so viel zu sehen, dass Flo gerne ein paar mehr Augen gehabt hätte. Auch Remy war beeindruckt. Seit sie im Stadion waren, hatte er keinen Ton mehr von sich gegeben.

Die Spieler kamen aus dem Tunnel aufs Feld. Sie stellten sich nebeneinander auf und winkten den Zuschauern zu. Die Spieler waren zwar weit weg, aber Flo konnte trotzdem sehen, wo Hidde stand. »Da ist Hidde«, sagte er zu Remy, der neben ihm saß.

Remy konnte einfach nur nicken. Er war noch immer furchtbar beeindruckt von dem Anblick, der sich ihm bot.

Das Spiel fing an und von allen Seiten feuerten die Fans ihre Mannschaft an. Im Stadion herrschte ein unglaublicher Lärm.

Flo fand die Spieler von Arsenal richtig gut. Sie waren immer in der Spielhälfte des FC

Krokant präsent und hatten sich schon ein paar gute Chancen herausgespielt.

Hidde spielte im Mittelfeld, aber er war bisher selten in Ballbesitz gewesen. Er versuchte, seinen Gegenspieler in den Griff zu bekommen. Der hätte fast einen Treffer erzielt, aber der Torhüter konnte den Ball gerade noch parieren.

Nach etwa zwanzig Minuten wurde die Heimmannschaft langsam stärker. Flo saß auf der Stuhlkante und hielt die Spannung kaum aus. Jedes Mal, wenn Arsenal in die Nähe des Tores vom FC Krokant kam, schlug er sich die Hände vors Gesicht.

Kurz vor der Halbzeitpause erhielt Arsenal einen Freistoß vorm Strafraum. »Eine sehr gefährliche Position«, sagte Flos Vater.

»Finde ich auch«, stimmte Remy zu. »Ich hoffe, der geht nicht rein.«

Flo hielt sich die Augen zu und lugte nur ein wenig durch seine Finger. Der Spieler von Arsenal nahm Anlauf und schoss. Der Ball segelte über die Mauer direkt in die obere Torecke. Die Mannschaft von Arsenal jubelte und aus einer Stadionkurve ertönte ohrenbetäubendes Geschrei.

»Wieso jubeln die denn so?«, fragte Flo. Er war sauer, weil Arsenal schon ein Tor geschossen hatte und die Zuschauer sich darüber freuten.

»Das sind die Fans von Arsenal«, erklärte sein Vater. »Die sind extra aus England angereist, um ihren Klub zu unterstützen.«

»Aus England?«, fragte Remy. »Das ist doch über hundert Autostunden weit weg.«

»Ganz so weit ist es nun auch wieder nicht«, sagte Flos Vater lachend. »Aber doch ein ganz schönes Stück.«

Anstoß für den FC Krokant, das Spiel lief wieder. Arsenal ließ es jetzt etwas ruhiger angehen. Krokant stürmte nach vorn und Hidde war nun häufiger am Ball.

»Sie werden immer besser. Vielleicht schaffen sie ja noch den Ausgleich.«

»Ich hoffe es«, antwortete Flo seinem Vater. Aufgeregt verfolgte er das Spiel, bis der Schiedsrichter zur Halbzeitpause pfiff.

»Dann schießen sie den Ausgleich eben in der zweiten Hälfte«, sagte Flos Vater. Er stand auf. »Kurz die Beine strecken.«

Flo stellte sich neben ihn. Er schaute sich im Stadion um und fand es immer noch supercool. Auch wenn der FC Krokant zurücklag.

22. SPANNUNG

Für Flo dauerte die Halbzeitpause viel zu lang. Ständig schaute er auf die Stadionuhr. Endlich kamen die Spieler zurück auf den Rasen. Die Fans fingen wieder an zu jubeln und Flo jubelte mit.

Auch in der zweiten Hälfte war Arsenal die bessere Mannschaft. Aber der FC Krokant war jetzt häufiger in der gegnerischen Hälfte.

»Hidde spielt viel besser als in der ersten Halbzeit«, sagte sein Vater. Flo nickte. Das war ihm auch schon aufgefallen, aber wenn sein Vater das sagte, dann war es auch so.

In der sechzigsten Minute startete der FC Krokant einen weiteren Angriff. Der Ball ging von einem Spieler zum nächsten, ohne dass ein Spieler von Arsenal ihn zurückerobern konnte. Es kam zu einer Flanke, aber die wurde weggeköpft. Hidde nahm den Ball mit der Brust an. Er stand kurz vor dem Strafraum.

»Schieß doch!«, rief Flos Vater.

Hidde legte sich den Ball vor. Als hätte er Flos Vater gehört, schoss er hart aufs Tor. Der Torhüter war chancenlos. Der Ball landete im Netz.

Was dann passierte, hatte Flo noch nie erlebt. Die Fans um ihn herum jubelten und machten einen unvorstellbaren Lärm. Sein Vater stand auch auf und tanzte fast. Und Remy schlug Flo auf die Schulter. »Was für ein Tor von eurem Hidde«, rief er lachend. »Ab heute nennen wir ihn *Hidde, den Fußballheld*.«

Flo musste lachen und johlte mit allen Fans mit. Er hatte Gänsehaut.

Den Rest des Spiels fand Flo nicht gerade überwältigend. Keine Mannschaft hatte mehr nennenswerte Chancen. Sein Vater hatte eine Erklärung dafür. »Beide Vereine sind wohl mit einem Unentschieden zufrieden.«

Flo konnte das nicht begreifen. Wenn er selbst auf dem Platz stand, wollte er immer unbedingt gewinnen.

Als das Spiel abgepfiffen wurde, jubelten die Fans beider Seiten, trotz des Unentschiedens. Die Spieler des FC Krokant liefen eine Ehrenrunde und applaudierten den Zuschauern.

»Damit bedanken sie sich bei ihren Anhängern.«

Als die Spieler zu dem Block kamen, in dem die E6 saß, standen alle Zuschauer dort auf. Flo sah Hidde mitten unter seinen Mannschaftskameraden.

»Hidde!«, schrie Melissa so laut sie konnte. Aber in dem ganzen Trubel konnte Hidde sie nicht hören. »Los, alle zusammen«, rief sie.

Die ganze E6-Mannschaft schrie daraufhin Hiddes Namen. Und er hörte sie. Er sah zu ihnen rauf und winkte.

»Wow, cool«, rief Remy.

»Kennt ihr Hidde von irgendwoher?«, fragte der Mann neben Remy.

»Er war letztes Jahr unser Trainer«, antwortete Remy.

Flo blickte Remy erstaunt an. »Wie, *unser* Trainer?«

Remy lachte verlegen. »Na ja, klingt doch cool.«

Auf der Rückfahrt schwelgten die Jungs in ihren Erinnerungen. »Was für ein großes Stadion«, sagte Remy.

»Und was für ein Radau, als Hidde das Tor geschossen hat«, sagte Flo.

»Ja«, stimmte sein Vater zu, »und am Samstag wird es für die E6 genauso ein wichtiges Spiel sein wie heute für Krokant.«

»Stimmt.« Flo schaute aus dem Fenster und in Gedanken schoss er ein genauso schönes Tor wie Hidde.

23. NEUE TRIKOTS

»Gut spielen, das ist heute unser Motto«, sagte Maarten. »Es ist toll, ein Spiel der Spitzenreiter vor sich zu haben, aber viel wichtiger ist es, dass wir selbst gut spielen.«

Die E6 hatte sich kurz vor Anpfiff des Spitzenspiels gegen den FC Rapitas im Umkleideraum versammelt. Flo saß zwischen Jan und Sophie. Sie hatten bis jetzt alle ihre Spiele gewonnen, aber das hatte der FC Rapitas auch. Deshalb nannte Maarten das Duell auch ein Spiel der Spitzenreiter.

»Wer von euch ist aufgeregt?«, fragte Maarten.

141

Flo schaute sich um, aber keiner hob den Finger.

»Gut. Das braucht ihr nämlich auch nicht zu sein.« Maarten ging zu einer großen Tasche, die mitten im Umkleideraum stand. »Wie fandet ihr das Spiel am Mittwoch? Toll, oder?«

»Jaaaa«, riefen alle durcheinander.

Maarten beugte sich hinunter und öffnete die Tasche. »Das war echt nett von Hidde, was? Dass er uns Karten besorgt hat.«

»Jaaaa«, riefen wieder alle auf einmal.

»Prima«, sagte Maarten. »Denn ich habe noch eine Überraschung für euch. Wieder von Hidde.«

Flo wurde langsam neugierig. Er war gespannt, was sich in der großen Tasche befand.

Maarten zog ein Trikot aus der Tasche und hielt es hoch – es war vom FC Krokant. »Hidde hat für jeden von euch so ein Trikot machen lassen. Als Andenken an das Spiel gegen Arsenal.«

Im Umkleideraum war es kurz ganz still. Aber es dauerte nicht lange, bis der Jubel ausbrach. Nur mit großer Mühe gelang es Maarten, dass sich seine Mannschaft wieder hinsetzte und ihm zuhörte.

»Mal sehen«, sagte er. »Das ist für Melissa.« Melissas Name stand in weißen Buchstaben über der Rückennummer. Maarten teilte die Trikots aus. Flo hatte die Rückennummer 10.

»Dürfen wir die Trikots heute tragen?«, fragte Sophie.

»Ja, es ist ja kein Heimspiel«, rief Jan. »Also nehmen wir die hier als unsere Auswärtstrikots.«

Maarten dachte nach. »Der FC Rapitas läuft in gelb-schwarzen Trikots auf, dann können wir natürlich in diesen Trikots spielen.«

Sie fingen wieder an zu jubeln. »Jetzt zieht euch schnell um und dann raus auf den Platz zum Warm-up«, sagte Maarten.

Flo zog sein neues Trikot an. Es stand ihm gut. Dann kam die weiße Hose an die Reihe und die orangefarbenen Strümpfe mit dem weißen Rand, genau wie beim FC Krokant. Flo blieb als Letzter im Umkleideraum. Er betrachtete sich heimlich im Spiegel und dachte: *Ich sehe genauso aus wie Hidde. Hoffentlich mache ich heute auch so ein schönes Tor wie er.*

Dann ging er hinaus auf den Platz zu seinen Mannschaftskameraden. Beim Aufwärmen spürte Flo die Aufregung in seinem Bauch.

Er hatte noch nie bei so einem Duell der Spitzenreiter mitgespielt. Wenn sie heute gewinnen würden, wären sie Tabellenführer. Vielleicht könnten sie dann sogar Meister werden. Flo wurde immer nervöser.

Das Spiel fing an. Der FC Rapitas hatte Anstoß und stürmte sofort drauflos. Flo merkte gleich, dieses Spiel würde anders werden als alle davor. Die hatten sie gewinnen können, aber das heutige Spiel würde richtig hart werden. Da war sich Flo sicher.

24. DAS SPITZENSPIEL

Zur Halbzeit stand es schon 2:0 für den FC Rapitas. Die E6 vom FSV Almia saß in der Kabine. Still tranken sie ihre Limonade.

»Wir machen wirklich ein gutes Spiel«, sagte Maarten.

»Ach? Und wieso liegen wir dann 2:0 zurück?«, fragte Ismael.

»Sie haben zwei Tore geschossen und wir nicht. Ganz einfach«, sagte Maarten. »Aber wir sind nicht schlechter als die Gegner.«

»Das können wir nie im Leben aufholen«, meinte Jan.

»Natürlich können wir das«, antwortete

Maarten. »Mit ein bisschen Glück können wir sogar gewinnen.«

»Wir müssen häufiger abspielen«, schlug Melissa vor. »Ich stehe so oft frei.«

»Ja, manchmal«, sagte Maarten. »Und Feld muss öfter aufs Tor schießen.«

Flo saß vornübergebeugt und schaute nun auf. »Aber ich bekomme doch kaum die Möglichkeit für einen Torschuss.«

»Dann suche dir die Möglichkeiten«, sagte Maarten. »Du heißt doch nicht umsonst *Feld, unser Fußballheld*. Wenn du eine Torchance hast, halt einfach drauf.«

Flo zuckte die Schultern. Er würde es probieren.

Sie gingen zurück auf den Platz. »Schieß, was du kannst«, rief Maarten Flo zu.

Ismael war am Ball und passte ihn zu Jan. Flo stand frei und hob den Arm, um Jan darauf aufmerksam zu machen. Der sah es und spielte den Ball zu Flo. Er stand zwar direkt vorm Tor, aber noch ziemlich weit entfernt.

»Schieß, Feld«, rief Maarten.

Flo legte sich den Ball zurecht und schoss so hart er konnte. Der Ball stieg hoch und ging direkt unterhalb der Latte ins Netz. Der Tormann war zwar hochgesprungen, kam aber nicht mehr an den Ball. 2:1.

»Super!«, rief Maarten von der Seitenlinie.

Es blieb ein spannendes Spiel und Flo hatte noch ein paar gute Chancen. Aber er schoss immer knapp daneben oder der Tormann fing den Ball.

Es blieb leider beim 2:1. Der FSV Almia hatte verloren. Enttäuscht saßen die Spieler und Spielerinnen der E6 danach in ihrer Kabine.

»Nächstes Mal ist es anders«, versuchte Maarten zu trösten. »Wir können nicht nur gewinnen. Verlieren gehört auch dazu.«

»Dann gewinnen wir eben unser Heimspiel

gegen sie«, rief Jan. »Dann können wir immer noch Meister werden.«

»Genau, Jan«, sagte Maarten. »Niemals aufgeben.« Sein Handy klingelte und er zog es aus der Tasche. »Hallo?« Er hörte zu und schaute sich um. »Ja, der ist da«, antwortete er. Maarten drehte sich um und gab Flo das Handy. »Es ist für dich, Flo.«

»Für mich?« Flo nahm das Telefon und drückte es sich ans Ohr. »Hallo?«

»Spreche ich mit Feld?«

Flo musste grinsen. Beim FSV Almia kannten ihn alle als *Feld, der Fußballheld*. Es gab sogar Leute, die gar nicht wussten, dass er eigentlich Flo hieß. »Ja«, sagte er.

»Hier spricht Joost, der Trainer der E1. Ich wollte dich fragen, ob du Lust hättest, bei uns mitzuspielen?«

Flo wusste nicht, ob er sich verhört hatte. In der E1 spielten nur sehr gute Fußballer, und jetzt wurde er gefragt? »Ich?«

»Ja, du«, sagte Joost.

»Na klar«, antwortete Flo.

»Prima! Dann sehe ich dich gleich beim FSV Almia, denn wir haben ein Heimspiel.«

»Okay«, sagte Flo und legte auf. Er gab Maarten sein Handy zurück. »Ich soll für die E1 spielen!«

»Was?«, rief Ismael. »Mann, wie cool!«

Flo strahlte.

»Glückwunsch«, sagte Maarten. »Dann fahren wir mal schnell zurück nach Almen.«

Flo hatte fast vergessen, dass sie verloren hatten. Auf der Rückfahrt war er sehr still. Er wurde wieder nervös. Aber neben ihm saß Melissa und redete und redete.

Als sie beim Vereinsplatz ankamen, erwartete Joost ihn schon. »Schön, dass du bei uns mitmachen willst, Feld«, sagte er. »Komm mit.«

Flo wollte gerade hinter Joost hergehen, als Melissa ihn am Arm packte und ihn mit strahlenden Augen ansah. »Ich bin so stolz auf dich!«

Flo wurde ziemlich warm ums Herz.

»Gib dein Bestes, hörst du?«

Flo nickte nur und machte sich auf den Weg zu seinem ersten Spiel für die E1.

ISBN 978-3-8458-2044-6

Kleiner Drache, große Schwierigkeiten! Als Eric einen winzigen Drachen in seinem Essen findet, denkt er erst, es wäre ein Spielzeug. Aber Ping, der Mini-Drache, ist quicklebendig. Er kann sogar sprechen. Und er bringt Eric in jede Menge Schwierigkeiten.

Auch zu bestellen unter www.arsedition.de

ISBN 978-3-8458-2045-3

Pings großer Wunsch geht in Erfüllung. Der Mini-Drache darf endlich mit Eric in die Schule gehen. Aber dann herrscht große Aufregung, als der nervige Nachbarsjunge Toby seinen Rucksack mit dem von Eric vertauscht. Denn im Rucksack hält Ping gerade seinen Mittagsschlaf. Jetzt muss Eric alle Hebel in Bewegung setzen, um Ping zu retten!

Auch zu bestellen unter www.arsedition.de